RÉPUBLIQUE FRANÇAISE
Liberté — Égalité — Fraternité

DÉPARTEMENT DE LA SEINE

DIRECTION DES AFFAIRES DÉPARTEMENTALES

ÉTAT DES COMMUNES

A LA FIN DU XIXe SIÈCLE

publié sous les auspices du Conseil Général

LE BOURGET

NOTICE HISTORIQUE
ET
RENSEIGNEMENTS ADMINISTRATIFS

MONTÉVRAIN
IMPRIMERIE TYPOGRAPHIQUE DE L'ÉCOLE D'ALEMBERT
1897

LE BOURGET

RÉPUBLIQUE FRANÇAISE
Liberté — Égalité — Fraternité

DÉPARTEMENT DE LA SEINE

DIRECTION DES AFFAIRES DÉPARTEMENTALES

ÉTAT DES COMMUNES

A LA FIN DU XIXe SIÈCLE

publié sous les auspices du Conseil Général

LE BOURGET

NOTICE HISTORIQUE

ET

RENSEIGNEMENTS ADMINISTRATIFS

MONTÉVRAIN
IMPRIMERIE TYPOGRAPHIQUE DE L'ÉCOLE D'ALEMBERT

1897

NOTICE HISTORIQUE

LE BOURGET[1]

Anciennement, hameau de la paroisse de Dugny.

De 1787 à 1790, municipalité du département de Saint-Germain et de l'arrondissement de Saint-Denis ;

De 1790 à l'an IX, commune du district de Saint-Denis (supprimé en l'an III) et du canton de Pierrefitte;

De l'an IX à 1893, commune de l'arrondissement de Saint-Denis et du canton de Pantin ;

Actuellement, en vertu de la loi du 12 avril 1893, commune de l'arrondissement de Saint-Denis et du canton de Noisy-le-Sec.

1. Il existe en France quatre communes nommées le Bourget : celle à laquelle est consacrée la présente notice; puis, le Bourget, département du Jura, arrondissement de Lons-le-Saulnier, canton d'Orgelet; le Bourget-du-Lac, département de la Savoie, arrondissement de Chambéry, canton de la Motte-Servolex, et le Bourget-en-l'Huile, même département et arrondissement, canton de la Rochette.

En outre, le nombre des hameaux et lieux dits dénommés le Bourget, le Bourjeau, le Bourgeaud, Bourgeot est assez considérable, notamment dans la région savoyarde.

I. — FAITS HISTORIQUES

Le grand chemin qui, de Paris conduit vers Senlis, et de là en Flandre, est d'origine sinon romaine, du moins fort ancienne. L'endroit où il croise le ruisseau de la Mollette constitue une vallée peu profonde où, de bonne heure, quelques habitations s'élevèrent ; on leur donna le nom de petit bourg, en latin *burgellum*, diminutif de *burgus*, d'où le Bourget.

L'origine de cette agglomération fut peut-être une maladrerie ou léproserie élevée sur ce point. Pendant tout le moyen-âge et jusqu'au XVIe siècle, la lèpre sévit sur nos régions, et la charité publique construisit de nombreux hôpitaux où étaient recueillis ceux qui en étaient atteints. Dulaure affirme que la léproserie du Bourget existait dès le XIe siècle, mais il n'en donne aucun témoignage. En revanche, nous avons la preuve certaine de son existence en 1351, et peut-être même de la fin de son existence : « le commissaire de la part de l'évêque de Paris, dit l'abbé Lebeuf, voulut la visiter en 1351. La trouvant fermée, il dressa son procès-verbal en présence de Jean de Dôle, curé de Drancy, et de frère Nicolas Grimont, prieur de la maison des titulaires. On déclara qu'elle était exempte de l'ordinaire, comme étant située sur la terre de Saint-Denis, et possédée toujours par le moine qui est prévôt de la Courneuve ».

C'est le seul renseignement précis que nous ayons sur cet hôpital. Du moins, son emplacement est connu par un nom de lieu dit, la Maladrerie, à l'entrée du village, sur la gauche de la grande route, entre la « sente aux ladres » et le chemin de la Courneuve.

Il n'y a pas lieu de s'étonner que la léproserie du Bourget se soit trouvée fermée en 1351, et elle ne dut pas se rouvrir. C'était le temps des guerres, le temps où les gens d'armes parcouraient les environs de Paris, pour les saccager bien plus que pour les défendre, et les habitants étaient forcés d'implorer du roi d'être déchargés d'impôts trop lourds, notamment du droit de prises, qui consistait à prélever dans les campagnes une certaine quantité de denrées et de fourrages nécessaires à l'hôtel royal. Ce fut le cas de ceux du Bourget :

Pour laquelle chose les habitanz de la ville du Bourgeel se soient traiz par devers nous et nous aient humblement supplié, disant que comme il soient et aient esté moult grandement oppressez, grevez et domaigez pour le fait des guerres, et ladite ville du Bourgeel pilliée par plusieurs fois de noz ennemis, et que ladicte ville est assise sur grant chemin royal et est renommée et fréquentée souvent jour et nuit de plusieurs marchans et autres personnes....

L'acte royal, en date, de juin 1364, leur accorda l'exemption du droit de prises. Elle leur fut confirmée, en février 1376, par un acte analogue du même Charles V. Les considérants en sont également bons à citer :

Et en oultre, que Nous, oye et diligemment entendue l'umble supplication desdiz habitanz d'icelle ville du Bourgeel, disans eux avoir esté très grandement et excessivement grevez et domaigez pour le fait et occasion des guerres de nostre dit royaume, mesmement que, ou temps passé durent ycelles guerres, plusieurs granz compeingnies de genz d'armes, et par plusieurs fois, ont fait et tenu long et grant sejour en ladicte ville, prins, mengié, beu, destruit et gasté grant quantité des biens d'iceux supplians, senz en rien payer ne faire gré ne satisffaction aucune, et ammené, prins et pillié grant quantité de leurs chevaux, dont ils devoient et entendoient faire cultiver et labourer leurs terres arables, et en avoir et recueillir leur vie et petite chevance de leurs femmes et enfans..... [1]

Faut-il ajouter foi à cette affirmation de Rabelais (livre IV, chap. XXXVI) que c'est au Bourget que Charles VI revenant de Flandre, en 1383, apprit la révolte des Maillotins ? «... Et à bon droit est jusques à présent de prudence grandement loué Charles, roy de France, sixième de ce nom, lequel retournant victorieux des Flamens et Gantois en la bonne ville de Paris et au Bourget-en-France, entendant que les Parisiens avecques leurs maillets, d'ont furent surnommés Maillotins, estoient hors la ville jusques au nombre de vingt mille combatans, ne y voulut entrer... ». Il est intéressant, du moins, de retenir la dénomination : le Bourget-*en-France*. Elle existait pour d'autres localités voisines : Saint-Denis-en-France, Dugny-en-France, etc. Par ce nom de France on entendait autrefois une partie de l'Ile-de-France située au Nord de Paris et limitée par la Thève, la Marne et la Seine.

Au cours des guerres civiles et extérieures qui marquèrent toute la première moitié du XVe siècle, le Bourget fut le théâtre d'une scène affreuse d'incendie et de carnage ; les Armagnacs, — comme

1. *Ordonnances des rois de France*, t. VI, pp. 176 et 255.

on appelait alors les partisans du roi de France, — ayant appris que les Anglo-Bourguignons qui occupaient Paris avaient fait amener en ce lieu un grand nombre de charrettes de blé fraîchement coupé, vinrent y mettre le feu, tuèrent la plupart de ceux qui les gardaient et jetèrent dans les flammes ceux qui n'étaient que blessés. Ils firent, en outre, environ cent vingt prisonniers [1].

L'abbé Lebeuf, le seul qui, jusqu'ici ait consacré quelques lignes à l'histoire du Bourget, rapporte un fait qui s'y passa en 1440, et qui, dit-il, « ressent fort les mœurs de ce temps-là ». Un habitant du village, nommé du Clouy, était excommunié depuis douze ans par sentence de l'Official de Paris, et ne s'en trouvait pas plus mal. Le maire reçut commission de le faire mettre en prison, mais un sergent à cheval du Châtelet l'en empêcha : « ce sergent fut condamné, par arrêt du 23 décembre de cette même année 1440, à faire amende honorable au Bourget, et à payer une somme au Roi et à l'évêque de Paris » [2].

L'on s'étonnera sans doute de constater l'existence d'un maire du Bourget au milieu du XVe siècle; la plupart des villages en avaient un, en effet, mais qui était simplement le représentant des intérêts du seigneur.

1. Voici le récit original qui en est fait dans le *Journal d'un bourgeois de Paris*, édition de la Société de l'Histoire de Paris (1881), p. 258-259: « Vray est que le jour sainct Augustin en aoust mil IIIIcXXX, cinquante ou soixante voituriers, ou environ, que de Paris que d'entour, allèrent querre des blez qui près du Bourgel estoient nouveaux soiez [sciés, coupés] et estoient aux bourgeois de Paris. Les Arminalx le sceurent par leurs espiés [espions] dont ils avoient assez à Paris, si vindrent sur eulx à grant puissance; si se combattirent le mieux qu'ils porent noz gens de Paris. Mais rien ne leur valu, car tantost les Arminalx les desconfirent (et en tuèrent moult), et tout le remanant qu'ils ne tuèrent mirent en leurs prinsons, et par leur grant mauvaistié, mirent le feu dedans les blez qui es chariots et charrettes estoient, et tout ardoient, que rien n'en fut rescous que les ferrures, et quant ils veoient aucun de ceulx qui estoit à la terre navré à mort ou mains que mort, qui remuoit, ils le prenoient et le getoient dedans le feu qui moult grand estoit, car tout le blé et tout le charroy estoit en feu et en flambe.

« Item, sans ceulx qui furent morts, ils en prindrent bien VIxx (120) ou plus, et tous les chevaulx, et les rançonnèrent. Et à celle heure de maleur arriva le conestable de France à Paris, nommé le seigneur de Stanfort, atout une très grant compaignie d'Angloys, et passa à une lieue environ près de la place où ilz se combatoient, et si n'en sot rien, dont ce fut grand pitié et grant domage; car la plus grant partie de ceulx qui furent prins estoient tous mesnaigers aians femmes et enfants, qui furent auques tous à pouvreté par les rençons qu'il leur convint paier, ou estre mors sans mercy ».

2. *Histoire du diocèse de Paris*, t. II, p. 624.

Dans l'espèce, la seigneurie appartenait à l'abbaye de Saint-Denis.

Les annales du Bourget restent muettes ensuite durant une longue période. La tradition locale, qu'aucun texte ne justifie malheureusement, veut que saint Vincent de Paul y ait installé, au commencement du XVIIe siècle, une école. Le *Mémoire de la Généralité de Paris,* rédigé à la fin de ce même siècle, mentionne comme châtelains du Blanc-Mesnil et du Bourget « les héritiers de Mlle de Blanc-Mesnil », et le savant éditeur de ce texte, M. de Boislisle, ajoute en note: « Marie-Renée Potier de Blanc-Mesnil, dernière héritière de la branche de ce nom, morte sans alliance le 16 janvier 1700, à l'âge de vingt-deux ans.

Louis XV y eut, paraît-il, un pavillon de chasse. La preuve ne nous est pas fournie dans les écrits contemporains, mais rien n'est plus vraisemblable. Le bâtiment existerait même encore aujourd'hui: c'est l'habitation particulière de M. Paris, sise dans la cristallerie que son père établit au Bourget en 1867. Le logis a grand air, en effet, et correspond bien à celui qu'un roi pouvait avoir comme rendez-vous de chasse aux portes de Paris. Deux sphinx de pierre en défendent l'entrée. Du côté du parc, une large allée, s'achevant aujourd'hui en cul-de-sac, devait conduire à la forêt de Bondy qui commençait alors non loin de là. Délaissée par Louis XVI, cette habitation fut, dit-on, pendant quelque temps, la résidence de Lavoisier.

Bien que dépendant de la paroisse de Dugny, le Bourget se constitua en municipalité avant même la fin de l'ancien régime. Il figure en cette qualité, — lors de la tentative faite par Necker, en 1787, d'une nouvelle organisation administrative de la France, — comme appartenant au département de Saint-Germain, arrondissement de Saint-Denis, et faisant partie de la « dépendance » de Drancy.

Cette première municipalité, sur laquelle nous n'avons pas de renseignements, eut pour tâche de préparer le cahier des doléances présentées aux États Généraux de 1789. Au nom des habitants, elle réclama la suppression des privilèges, des péages, de la milice, — proposa, « pour opérer l'extinction absolue de la mendicité, de demander que chaque paroisse demeure chargée de ses pauvres, soit pour les occuper, soit pour les nourrir ». Puis, elle émit le vœu d'empêcher que tout cultivateur locataire pût exploiter plus de

400 arpents de terre, — souhaita le retour périodique, tous les cinq ans, des États Généraux, — l'érection de la paroisse du Bourget en cure, « vu le nombre des feux et la quantité des habitants »; enfin, par mesure d'humanité, la libre facilité de glaner pendant vingt-quatre heures [1].

La municipalité suivante, constituée en vertu des lois démocratiques de l'Assemblée nationale, se créa le 2 février 1790. Les habitants élurent eux-mêmes leur maire, Jean Charlemagne, ancien syndic de la communauté, par 17 voix sur 28 votants. L'administration communale fut composée « d'un maire, deux municipaux, un procureur, six notables et un greffier pour la suitte des actes, lequel se nomme Wable, maître d'école dudit lieu ».

Un de ses premiers soins fut de réclamer la création d'un tribunal à Saint-Denis, mesure à laquelle on le sait, l'Assemblée Constituante ne voulut jamais consentir. La pétition fournit des renseignements intéressants sur la situation de la commune :

A Monsieur le Président de l'Assemblée nationale, et ensemble à MM. du Bureau judiciaire.

Les officiers et tous autres habitans composant la commune de la paroisse du Bourget vous représentent très humblement, Messieurs, qu'ils sont à la distance de trois lieues de Paris, et de Saint-Denis une lieue; qu'il leur serait bien plus commode, et même avantageux, de relever directement du directoire à Saint-Denis, tant pour tous les objets d'administration que judiciaires:

1° A cause de la proximité d'une lieue contre trois, que leurs affaires sont tellement habituelles avec la ville de Saint-Denis qu'ils contribuent volontairement à la construction d'un pavé d'embranchement des deux routes du Bourget à Saint-Denis;

2° Que la culture des habitans du Bourget est située en majeure partie aux territoires de Dugny et la Courneuve qui avoisinent la ville de Saint-Denis;

3° Que tous débats litigieux entre gens de la campagne prennent origine, le plus communément, sur des faits de culture; qu'en ce cas, les experts seront mieux connus à Saint-Denis qu'à Paris où les affaires dans cette capitale s'y étouffent d'une manière désolante pour les faibles plaideurs.

4° Que le partage des démarches à faire d'abord à Saint-Denis pour faits administratifs et à Paris pour tous faits contentieux, nous deviendrait fort nuisible en nous constituant plus de dépenses par des voyages plus répétés, et aussi, nous ferait perdre beaucoup de tems précieux aux soins de la culture en général.

1. Le texte manuscrit de ces doléances est transcrit au premier registre des délibérations municipales de la commune, — conservé, ainsi que le second, aux Archives de la Seine. — Ce texte a été imprimé, d'après une autre source, dans les *Archives Parlementaires*, t. IV, p. 371.

Nous sommes, Messieurs, pleins de respect et d'admiration pour vos sages décrets qui tendent au bonheur de l'empire françois; nous y fondons nos espérances que vous voudrez bien, Messieurs, établir dans la ville de Saint-Denis un tribunal qui serait tout à la fois administratif et judiciaire pour les paroisses que vous jugerez à propos d'y adapter; ce sera pour nous un grand motif de reconnaissance. [1]

Vers le même temps, le 10 avril 1791, l'église paroissiale fut le théâtre d'une scène qui parait avoir très vivement ému la municipalité et les habitants, mais qui pour nous, à la distance où nous sommes des faits, est simplement piquante. Voici comment elle est rapportée parmi les délibérations communales:

Ce jourd'huy, dix avril mil sept cent quatre vingt onze, nous maire, officiers municipaux, procureur de la commune et notables adjoints assemblés en la maison commune, disons unanimement que, ce jour, à la messe paroissiale, immédiatement après l'Évangile, le sieur Cloquette, ci-devant curé de Deugni et du Bourget, résidant ordinairement à Deugni, est monté en chaire et a fait le prône et dit le *de profundis* ordinaire, a annoncé qu'il allait faire lecture du mandemement de Monseigneur l'archevêque de Paris. Cette annonce a tellement offusqué et troublé les assistans que le maire, des membres municipaux et des notables et un nombre d'autres habitans sont sortis de l'église, faisant reproche à mondit sieur curé qu'il paraissait préparer une scène scandaleuse. Le trouble s'est élevé à tel point qu'il a été obligé de descendre de la chaire, ledit sieur Cloquette se trouvant réfractaire à la loi par deffaut de prestation de serment ordonné par décret de l'Assemblée nationale et étant remplacé pour remplir ses fonctions curiales, et ayant ici au Bourget un prêtre desservant y faisant ses fonctions.

Et en conséquence de ce que dessus, nous maire, officiers municipaux, procureur de la commune et notables assemblés à cet effet, voulant prévenir d'autres scènes qui pourraient avoir des suites fâcheuses, nous arrêtons qu'il sera donné avertissement du présent arrêté au sieur Cloquette à ce qu'il ne revienne désormais exercer aucune fonction dans cette paroisse, et qu'il s'y conforme. Ordonnons à notre greffier de présenter copie du présent arrêté audit sieur Cloquette pour par lui s'y conformer avec ponctualité... [2].

La protestation de la commune fut aussitôt couronnée de succès. En effet, le 18 avril 1791, Sébastien-François-Xavier Pommier fut solennellement installé, comme curé de Dugny et du Bourget, en présence d'un grand nombre d'habitants accompagnés par la garde nationale en uniforme. On chanta le *Te Deum;* puis, le nouveau curé prêta le serment ordonné par la loi constitutionnelle.

1. Reg. de délibérations de la commune, aux Archives de la Seine, p. 60-61.

2. *Ibid.* p. 145.

Le 15 mai suivant, eut lieu, dans la même forme, l'installation d'un desservant pour le Bourget, Nicolas-Antoine-Amable de Leau.

Le 11 mars 1793, la municipalité eut à prendre une décision importante : il s'agissait de la défense de la patrie, et de l'impôt du sang que chaque commune devait acquitter. Le conseil délibéra que malgré le petit nombre de ses habitants, il avait déjà fourni 19 volontaires ; il déclara applaudir au décret de la Convention qui met tous les membres qui la composent en état de réquisition permanente, annonça qu'il enverrait les six hommes réclamés, et rédigea une pétition au district de Saint-Denis afin d'obtenir que pour les 36 communes dont ce district est composé, les pères de famille remplacent les célibataires dans les postes administratifs.

Le 14 mai, un nouvel appel fut fait aux volontaires, et deux registres ouverts à la mairie reçurent, l'un les noms des citoyens, l'autre, l'inscription des contributions volontaires.

Les sentiments patriotiques et révolutionnaires de la commune se manifestèrent ensuite de plusieurs façons : le 16 brumaire an II (6 novembre 1793), elle fit envoi à l'Arsenal de deux cloches pour les convertir en canons. Le 12 prairial de la même année (31 mai 1794), un arrêté fut rendu portant qu'on effacerait « du dessus de la porte de la ci-devant église les mots : *Temple de la Raison* pour y substituer ceux décrétés par la Convention : *Dédié à l'être suprême* ». Il fut aussi décidé que la place du ci-devant Jeu de Paume serait nommée place de la Réunion, et qu'un arbre de la liberté serait planté « dans le milieu de la demi-lune ».

Après cette période de fièvre et d'enthousiasme, les annales du Bourget demeurent silencieuses. Si les victoires du premier Empire n'y ont pas laissé de trace, il n'en fut pas de même des dernières heures, si cruelles, de ce régime. Vaincu à Waterloo, Napoléon Ier s'arrêta deux heures dans le village, le 20 juin 1815 ; il n'osait pas rentrer en plein jour à Paris. Peu après, l'armée des alliés, suivant la même route que lui, traversa aussi le Bourget ; l'église fut mise au pillage et les commerçants durement rançonnés ; la Commission de liquidation leur alloua une somme de 658 francs, à répartir au marc le franc, en raison des fournitures faites aux soldats ennemis. Le peu d'objets du culte que ces dévastateurs avaient pu laisser dans l'église fut volé par des inconnus, le 19 mars 1818. Une cotisation des habitants afin de pourvoir à l'achat des objets les plus indispensables produisit 1.005 fr. 10.

Il n'est pas sans intérêt de signaler, dans le second registre des délibérations communales (fol. 45 v°), le tableau nominatif des débitants de boissons et du montant des sommes pour lesquelles ils furent imposés pendant les sept derniers mois de l'année 1815 ; on y voit que la commune comptait alors 29 débits de ce genre.

Les autres grands événements politiques de la première moitié du siècle, de la Révolution de 1830, celle de 1848, le coup d'État de 1851 n'ont pas eu d'écho dans les assemblées de la municipalité; nous trouvons seulement, à la date du 7 mai 1852, la prestation du serment d'obéissance à la Constitution, de fidélité au Président.

Avec l'année 1870, nous arrivons à l'époque la plus dramatique de l'histoire du Bourget, celle qui lui assure l'honneur, hélas ! si cruellement acheté, d'avoir pour toujours une place dans l'histoire générale de la France au XIXe siècle.

L'armée allemande ayant occupé, le 15 septembre, les hauteurs voisines de Dugny et de Pont-Iblon, — mais sans s'approcher encore davantage du feu de nos forts de l'Est, d'Aubervilliers et de Romainville, — le village fut en majeure partie abandonné par la population. Son conseil municipal se réunit une première fois à Paris, dans un local improvisé, rue d'Hauteville, 85, le 27 septembre ; il y tint encore séance le 30 octobre et le 11 novembre pour allouer aux familles nécessiteuses de la commune réfugiées à Paris des bons de pain dans des proportions variant de trois à quatorze kilogrammes de pain par semaine.

Cependant, nos corps de défense au Nord et à l'Est de la capitale avaient l'œil constamment fixé sur le Bourget, où les Prussiens s'étaient décidés à installer une faible garnison. Reprendre une position aussi importante à un ennemi qui s'y trouvait en petit nombre, tel était leur objectif. Les avant-postes français de ce côté étaient occupés à la Courneuve par le bataillon des Francs-tireurs de la Presse, commandé par un homme énergique entre tous, Amédée Roland, et brûlant du désir d'entrer en contact avec les assiégeants. Le commandant Roland s'en ouvrit au général de Bellemare, son chef hiérarchique, dont le quartier général était à Saint-Denis et lui offrit d'enlever le Bourget à l'aide de sa vaillante petite troupe, composée seulement de 260 hommes. L'autorisation fut donnée et la mise en marche fixée à la nuit du 27 au 28 octobre. Elle commença sous une pluie battante à 3 heures du matin. En dépit de ce contre-temps, les Francs-tireurs attaquent vigoureusement l'ennemi qui se retranche dans l'église et en haut du village ; le fort de Romainville lui envoie quelques obus dont l'un blesse ou tue malheureusement six Francs-tireurs les seules victimes de ce premier engagement. Une heure après, arrivait le renfort d'une partie du 14e bataillon des Mobiles. Les Prussiens (c'était la garde Royale) battent alors en retraite sur Pont-Iblon. Le 28 octobre, nous sommes donc maîtres du Bourget.

Il eût fallu s'y maintenir en y envoyant de l'artillerie et de l'infanterie en quantité considérable, et en intéressant à l'action les forts de Drancy et de Romainville : M. Duquet, l'historien autorisé de cette lamentable guerre sous Paris, affirme avec sévérité que si on ne le fit pas, la faute en est aux hésitations, à l'impéritie même du général Trochu. Quoiqu'il en soit, durant les journées du 29 et du 30 octobre, l'ennemi attaqua le Bourget avec une très forte artillerie établie à Pont-Iblon, une cavalerie et une infanterie qu'on peut évaluer à 20,000 hommes et qui cernaient le village par le Blanc-Mesnil au Sud, Pont-Iblon à l'Est, Dugny au Nord-Ouest. Nos troupes étaient épuisées de faim et de fatigue, et il y eut, on doit l'avouer, de nombreuses défections ; mais les 1,600 hommes qui restaient se comportèrent en héros ; il fallut faire le siège des maisons, l'une après l'autre. Les commandants Brasseur et Baroche, retranchés, le premier dans l'église, le second dans la cristallerie de M. Paris, opposèrent une résistance désespérée et périrent tous deux. Outre la mort de ces vaillants officiers et de tant de braves soldats qui combattirent avec le plus grand courage, notre défaite du Bourget faillit avoir les plus graves conséquences, et déterminer la guerre civile dans Paris même, le 31 octobre. Il suffit d'indiquer ici ces pénibles souvenirs [1].

1. Un combattant du Bourget, M. Charles Moonen, publiciste, a bien voulu écrire pour nous, en vue de cette notice, une relation de la bataille à laquelle il avait pris part. Elle complète fort heureusement le récit que l'on vient de lire et pour lequel nous nous sommes surtout appuyé sur le livre de M. Duquet. Que M. Moonen veuille bien en recevoir ici tous nos remercîments.

« Le 12 octobre 1870, les Francs-tireurs de la Presse occupaient un poste avancé, nommé Champ Tourterelle, devenu intenable en raison d'une inondation qui amenait l'eau jusqu'à mi-corps. Amédée Roland, commandant des francs-tireurs, alla trouver le général Carrey de Bellemare pour lui demander un ordre écrit l'autorisant à quitter son poste. En même temps, ayant reconnu pendant plusieurs promenades nocturnes que les Prussiens occupant le Bourget pouvaient, avec de l'audace, être délogés, il demanda au général l'autorisation d'attaquer ce village, ne réclamant seulement qu'un secours en cas de réussite.

« Bellemare n'avait guère confiance dans l'entreprise, le Bourget étant occupé par deux régiments de la garde royale et quatre batteries d'artillerie,

Cette déplorable affaire exigeait une revanche. La garnison et la population de Paris attendaient impatiemment que le gouverneur ordonnât une sortie en masse pour reprendre la position et venger nos morts. Leur espoir fut longtemps déçu, et lorsque l'on

avec lesquels il fallait compter. Pourtant, sur l'insistance du commandant, il finit par accorder l'autorisation. Roland ne posait qu'une seule condition, savoir: enlever l'affaire, le jour où le temps paraîtrait favorable à l'expédition. Cette circonstance ne se produisit que le 26 octobre, au soir, jour où le temps s'assombrit et devint pluvieux. Le 27, la pluie tomba toute la journée: le moment était propice. Aussi Roland écrivit-il à son chef la lettre suivante, que nous avons en ce moment sous les yeux, datée de la Courneuve, six heures et demie du soir:

« Mon général,

« J'ai l'honneur de vous informer que, suivant vos ordres, à quatre heures précises du matin, je ferai enlever le poste du Bourget.

« Veuillez me dire, mon général, si ces dispositions sont les vôtres.

« *Le commandant:* A Roland. »

« En travers de cette lettre, Carrey de Bellemare écrivit simplement le mot: « Oui. »

« Au reçu de cette réponse, Roland s'assura de la présence de tous ses officiers, et il les garda sous la main en les invitant à dîner. A minuit, il donna le signal du départ et, en même temps, l'ordre de mettre sur pied pour minuit et demi les quatre compagnies du bataillon, ce qui fut ponctuellement exécuté, car la discipline la plus sévère régnait au corps. Donc, à minuit et demi, les Francs-tireurs de la Presse quittaient la Courneuve sous une pluie battante; ils portaient la vareuse et la couverture en capuchon et n'emportaient aucun attirail pouvant faire du bruit.

« La 4e compagnie devait entrer dans le Bourget par la route dite de la Tuilerie; la 2e et 3e, commandées par Roland lui-même, devaient y entrer par la route d'Aubervilliers; la 1re compagnie par la gare du chemin de fer. Au signal choisi par le commandant, — une fusée rouge et bleue, — l'attaque des barricades prussiennes s'exécuta avec une précision et une furie telles que l'ennemi, surpris, ne put faire qu'un semblant de résistance et fut délogé de toutes ses positions en abandonnant aux assaillants ses sacs, casques, fusils et autres *impedimenta*. Le bataillon resta seul dans le Bourget, depuis quatre heures du matin jusqu'à neuf heures, heure à laquelle le général Lavoignet vint le relever de ce poste dangereux, enlevé aux Prussiens par cette audacieuse attaque à l'arme blanche.

Malheureusement, le 28 et le 29 octobre, on négligea d'envoyer d'autres troupes de renfort, et les Allemands, qui voulaient reprendre le Bourget, position stratégique très importante pour eux, nous attaquèrent avec 30,000 hommes et 60 pièces d'artillerie, dont 48 de gros calibre. Les quelques centaines de Français qui défendirent le pauvre village se battirent en héros, et les Prussiens, dans leur dépêche officielle, ont reconnu que la prise et la reprise du Bourget, leur avaient coûté plus de monde, que le combat le plus meurtrier livré sous Paris. Le corps des Francs-tireurs de la Presse, qui le 28 octobre, à la prise du Bourget, n'avait que trois hommes tués et quatre blessés, eut dans les journées du 29 et du 30 octobre, après des prodiges de valeur, son effectif presqu'entièrement anéanti ».

se décida à tenter un mouvement sur le Bourget, près de deux mois après la première journée, il fut conçu d'une façon si maladroite et imparfaite que malgré des prodiges d'héroïsme de la part de nos troupes, il aboutit encore au *statu quo*.

Cette deuxième tentative eut lieu le 21 décembre. Les troupes devant prendre part à l'action occupaient les positions suivantes: l'armée de Saint-Denis à la Courneuve; la division Berthaut au Petit-Drancy; la division Courty à la Patte d'Oie; la division de Bellemare, sur les territoires s'étendant de Drancy à Bondy; l'amiral Saisset à Bondy; la division Susbielle à Aubervilliers; la division Faron à Bobigny, et la divison Mattat à Noisy-le-Sec.

L'ordre de marche fut donné à 4 heures et demie. Les troupes venues de Saint-Denis arrivèrent les premières, et les marins ayant à leur tête le brave commandant Lamothe-Tenet attaquèrent l'ennemi corps à corps, à la hache et lui firent beaucoup de mal; mais parvenus à l'église, ils furent dans l'impossibilité de traverser la route que balayait incessamment la mitraille des batteries de Pont-Iblon. Dans ces conjonctures il y avait toutes raisons de faire donner notre aile droite, cantonnée à Drancy; mais celle-ci fut tenue en échec par les Allemands abrités derrière le mur de la fabrique de toiles Lecrosnier, le *mur blanc* si fameux dans toutes les relations de la guerre franco-allemande, et que nos généraux commirent la faute irréparable de ne pas renverser à coups de canon.

A trois heures de l'après-midi, les troupes durent se retirer; de notre côté, 983 hommes avaient été mis hors de combat; du côté des Prussiens, 445 seulement. L'honneur de la journée appartint aux marins, sur la bravoure héroïque desquels tout le monde tomba d'accord.

Le Bourget resta désormais aux mains de l'ennemi jusqu'à la fin de la campagne.

A sa séance du 28 janvier 1872, le Conseil municipal s'occupa des travaux de réparation aux édifices communaux; les désastres causés par la guerre s'élevaient aux chiffres suivants:

Église	17.118 fr.	28
École	2.814	57
Mairie.	2.608	15
Cimetière	2.459	77
Lavoir.	»	»

Nous parlons plus bas (page 32) des monuments divers élevés au Bourget en commémoration de la guerre de 1870-1871. Disons seulement ici que, par délibération du 15 avril 1888, la municipalité accepta avec empressement l'offre qui lui était faite par Mme Simonot, sœur du commandant Brasseur, de l'épée que tenait ce brave lorsqu'il tomba mortellement frappé sur le champ de bataille du 30 octobre, et décida que cette épée serait « placée précieusement dans la salle du Conseil ».

Chaque année, depuis ces sanglants combats, à leur jour anniversaire, une foule recueillie, que dirigent les représentants du département et de la Ville de Paris vient au Bourget apporter le témoignage de son respectueux souvenir aux vaillants défenseurs qui y ont trouvé la mort.

Par un sentiment qui s'explique de lui-même, son Conseil municipal tint à s'associer plus directement peut-être encore que beaucoup d'autres aux fêtes qui accueillirent la venue de l'escadre russe en 1893. Il invita, en effet tous les habitants à pavoiser et illuminer leurs maisons, et de plus, il décida qu'une médaille commémorative serait offerte au chef de l'escadre, au nom de la population.

II. — MODIFICATIONS ADMINISTRATIVES ET TERRITORIALES

Aucune commune du département n'a eu, plus que le Bourget, à lutter pour conquérir une existence personnelle, un territoire lui appartenant en propre.

Jusqu'à la fin de l'ancien régime, il dépendit administrativement de Dugny; un document de 1716, que nous avons publié dans la Notice historique sur cette dernière commune, l'indique d'une façon formelle; l'ouvrage de l'abbé Lebeuf, écrit vers 1750, place également le Bourget parmi les dépendances de Dugny. Il n'en est pas moins vrai que, par sa situation sur la grande route, sa poste aux chevaux, son voisinage de Paris, le hameau se trouvait aussi important au moins que l'agglomération. Il avait une église, sinon une paroisse, avec des registres spéciaux de baptêmes, mariages, sépultures, dont la collection actuelle remonte à l'année 1692, et sur lesquels le desservant signait : « curé de Dugny et du Bourget, son annexe », mais souvent aussi « curé du Bourget ».

Lors des revendications territoriales que nous allons avoir à exposer, la municipalité invoqua à plusieurs reprises « les titres de la fabrique portant les dates des 29 juillet 1556, 1er avril 1571 et 28 juillet 1574 »; nous n'avons pu, malheureusement, retrouver ces documents, mais on ne peut pas supposer qu'ils n'aient réellement existé.

Aussi n'est-il pas surprenant qu'en 1787, lors de la nouvelle organisation des corps municipaux, le Bourget n'ait pas hésité, comme nous l'avons dit plus haut, à se constituer en municipalité, — se soustrayant ainsi à la tutelle administrative de Dugny qui ne paraît pas avoir protesté, — et figure officiellement comme paroisse du département de Saint-Germain et de l'arrondissement de Saint-Denis. A ce titre, les habitants élurent en 1788, comme syndic, Jean Charlemagne; comme membres de l'assemblée municipale, Jean Girardeau, Gérard Dièvre et Robert Gouffé; comme collecteur, Robert Chauveau. Il n'y eut pas plus de difficultés, en 1790, pour la reconnaissance légale de la nouvelle municipalité.

La commune existait donc, mais en réalité elle n'avait pas de territoire, et c'est pour en obtenir un qu'elle dut faire des efforts, si longtemps entravés ou retardés qu'ils n'aboutirent qu'en 1877.

Ils avaient commencé le 10 pluviôse an II (29 janvier 1794). A cette date les officiers municipaux adressèrent un Mémoire aux administrateurs du département, où il est marqué que la situation du bourg, avec un passage constant de troupes, de blessés, de malades les force souvent à héberger ces voyageurs; or, il y a trois maisons qui, quoique situées sur la grande route et contiguës aux autres habitations, ne font pas partie de la commune. L'une appartient à la Courneuve, les deux autres à Drancy; il serait équitable de les rattacher au territoire du Bourget [1].

Il existe aux Archives nationales un intéressant dossier de l'an IV sur cette même question; on y voit que des commissaires avaient proposé d'attribuer au Bourget 90 arpents à prendre sur chacun des territoires de Dugny, Drancy et la Courneuve. Les deux dernières communes s'y refusèrent de la façon la plus nette. Voici les raisons de ce refus, alléguées par la municipalité de Drancy, à la date du 6 nivôse an IV (27 décembre 1795); elles sont fort intéressantes :

1. Registre de délibérations municipales, aux Archives de la Seine.

La commune du Bourget demande la distraction des maisons des citoyens Lefranc, Cretté et Muart de la dépendance des communes de la Courneuve et Drancy, et leur réunion à la commune du Bourget. Nous ignorons les motifs, encore plus les avantages d'une pareille demande; nous ne pouvons les présumer que d'après le Mémoire de la municipalité du Bourget au Département, par lequel elle demande la réunion de la maison du citoyen Lefranc à sa commune, fondée sur le refus dudit citoyen Lefranc de loger des militaires.

Le citoyen Lefranc, dans une réponse au Département, a réfuté victorieusement cette inculpation de la cy-devant municipalité du Bourget en exhibant au commissaire nommé à cet effet les nombreux billets de logement envoiés au citoyen Lefranc par le maire et officiers municipaux du Bourget. Les sentimens du citoyen Lefranc ne sont point équivoques; il a, depuis le commencement de la Révolution, manifesté le plus grand empressement à se prêter à ce qu'exige le bien public et à un devoir aussi sacré que celui de loger les défenseurs de la patrie.

Aujourd' huy, la commune du Bourget, par la voix de son agent, renouvelle la même prétention, et, comme l'appétit vient en mangeant, elle joint à sa demande la réunion des maisons des sieurs Cretté et Muart, et demain elle demandera qu'on lui forme un territoire au dépens de ceux de Drancy, le Blanc-mesnil, Dugny et la Courneuve.

Cette question déjà agittée au Comité de Division de la Convention, a été rejettée, et le district de Franciade, auquel elle a été renouvellée pour la maison du citoyen Lefranc seulement, n'a pu faire autrement que de laisser provisoirement la maison du citoyen Lefranc dans l'arrondissement de la Courneuve, parce qu'il est notoire, et constaté par tous les actes possibles qu'elle est située sur ce territoire.

Quels peuvent donc être les motifs et les avantages pour la commune du Bourget dans la réunion de ces maisons ? Nous n'en voions que deux : le premier, le logement des gens de guerre; le deuxième, l'espérance prochaine d'un territoire.

Le premier motif est dénué de fondement par le fait même, puisque l'on peut prouver par les billets de logement que les citoyens Cretté, Lefranc et Muart se sont toujours fait un devoir de loger les militaires. D'ailleurs, le Bourget n'est pas un passage de troupes; il n'a point d'étape, et ce n'est que dans des cas extraordinaires que cette commune est assujetie à des logements, tels par exemple lorsqu'on y a envoié, pour l'arrivage des subsistances à Paris, 20 gendarmes et 50 hommes de section, et dans ce cas les citoyens Lefranc et Cretté ont logé, pendant tout le temps de leur séjour au Bourget, le premier 5 hommes, le second 7.

Si l'on remonte à un tems plus reculé (nous n'en citerons qu'un exemple), lors du passage de l'armée révolutionnaire, le citoyen Lefranc a logé pour un jour 12 hommes, le citoyen Cretté, 32.

Enfin, si l'on compulsait le registre du contrôle des logemens, peut-être verrait-on que les citoyens Lefranc et Cretté ont fourni des logemens plus fréquens et plus nombreux en proportion que tous les autres habitans du Bourget.

Ce premier motif tombe donc de lui-même.

Le second, outre son inutilité pour les citoyens du Bourget, occasionnerait aux citoyens Lefranc et Cretté et au gouvernement un désavantage frappant. Nous le prouverons facilement. Les maisons du Bourget ont été construites sur les territoires de Dugny et le Blancmesnil. D'abord, il n'y avait qu'un relai de poste, puis une auberge, puis une autre; insensiblement il s'est accru au point où il se trouve présentement.

M. de Marillac était seigneur de Blancmesnil et d'une partie de Dugny: son amour-propre fut flatté d'ajouter à ses titres de seigneur du Blancmesnil et de Dugny celui de seigneur du Bourget. De là l'origine du Bourget restreint aux seules maisons élevées sur les terroirs de Blancmesnil et de Dugny; de là, la distraction de celles dont on demande aujourd'hui la réunion, bâties sur les terroirs de la Courneuve et de Drancy.

L'inutilité de cette réunion reconnue, voyons quels en sont les inconvéniens pour les particuliers et le Gouvernement. Pour les particuliers? Le citoyen Lefranc a toute sa propriété sur le terroir de la Courneuve; il acquitte ses contributions dans cette commune; si l'on met sa maison dans la commune du Bourget, division d'imposition, embarras pour lui, embarras pour le gouvernement; nul avantage pour personne.

Le citoyen Cretté a la majeure partie de ses propriétés sur le Blancmesnil; il y entretient un troupeau considérable de moutons, tant espagnols que métis; en divisant le territoire, il ne peut plus avoir de troupeau: perte pour lui, perte pour l'État: nul avantage pour personne. Outre cela, l'inconvénient d'une division d'imposition dans deux communes, dans deux départemens, le Bourget étant du département de la Seine, le Blancmesnil du département de Seine-et-Oise.

Les citoyens Musnier frères, habitant la commune du Bourget, se trouveraient dans le même embarras. L'un a son troupeau sur Drancy, l'autre sur le Blancmesnil; même embarras, même perte et pour eux, et pour l'État; nul avantage pour personne.

Mais, dira-t-on, pourquoi le Bourget n'aurait-il pas de territoire ? Mais Paris n'en a pas; mais le Bourg-Égalité n'en a pas: mais mille autres communes n'en ont pas, et toutes ont existé et existent sans territoire.

Nous nous résumons: la demande de la commune du Bourget ne présente aucune utilité, ni pour elle ni pour le gouvernement; au contraire, elle offre mille inconvéniens, des désavantages frappans pour des citoyens et pour l'État; elle ne peut être admise » 1.

Nous ignorons quelle solution eut l'affaire en ce qui concerne la maison du sieur Lefranc; mais pour la propriété du sieur Cretté, il est certain qu'après sa mort elle fut rattachée au territoire du Bourget, en vertu d'un décret impérial du 16 messidor an XIII (5 juillet 1805), dont voici le texte;

« Au Palais de Gênes, le 16 messidor an XIII.

« Napoléon, empereur des Français, sur le rapport du Ministre de l'Intérieur.

« Vu l'arrêté du préfet du département de la Seine du 27 ventôse dernier et

1. Archives nationales, F2 II, Seine, 1

la lettre du préfet du département de Seine-et-Oise, du 23 frimaire suivant, relatifs à la délimitation des communes du Bourget, département de la Seine, et du Blanc-Mesnil, département de Seine-et-Oise.

« Vu les pièces et le plan des lieux,

« Le Conseil d'État entendu, décrète :

Article premier. — La totalité du parc de la dame veuve Cretté dépend de la commune du Bourget et y sera exclusivement imposée. En conséquence, les limites entre cette commune et celle du Blanc-Mesnil sont fixées par le mur de clôture de ce parc, tracé par une ligne bleue au plan ci-annexé.

Art. 2. — Les ministres de l'Intérieur et des Finances sont chargés de l'exécution du présent décret.

Signé: NAPOLÉON.
Par l'Empereur, le Secrétaire d'État
Signé: Hugues B. Maret [1].

Le plan annexé à ce document indique la situation de la propriété, à droite de la route nationale n° 2, entre les chemins de Drancy au Sud, du Blanc-Mesnil au Nord, vis-à-vis de Dugny à l'Ouest. Les autres pièces du dossier exposent que le terrain contesté occupe 11 hectares, que ni l'une ni l'autre des deux communes ne peut produire de titres établissant son droit et que, dès lors, la question ne peut se régler que par la convenance; or la maison même appartenant à la dame Cretté est située sur le territoire du Bourget ; il est donc inadmissible que le parc qui dépend de cette propriété soit situé sur une autre commune et, dans l'espèce, fasse partie d'un autre département.

Cette première victoire ne devait pas suffire à la municipalité, et la lecture de ses registres de délibérations nous fait assister à des revendications périodiquement formulées et très pressantes pour l'agrandissement de son territoire.

Le 20 avril 1820, elle réclamait de Drancy 778 hectares ; de Dugny, 423 hectares ; de la Courneuve 803. Cette demande n'eut aucun succès, non plus que celle du 6 mai 1845 où le Conseil faisait observer au Préfet que la limite du territoire de la commune est si resserrée que son cimetière même est situé sur Dugny ; que, « par sa position fâcheuse et tout à fait exceptionnelle, la commune ne peut couvrir, qu'en se surimposant tous les ans, ses dépenses ordinaires et indispensables » ; qu'elle est plus peuplée que les localités voisines et supporte plus de charges à cause de la route royale, etc.

1. Archives nationales, F2 1, 493

Ces arguments étaient assurément fort justes, mais les communes qu'il s'agissait d'amoindrir arguaient, de leur côté, du préjudice qui leur serait fait, et la solution était toujours ajournée.

Dans sa session de 1861, la Commission départementale faisant fonctions de Conseil général, saisie de l'affaire, émit l'idée de recourir à une annexion dès longtemps désirée, celle de partie de la commune du Blanc-Mesnil, appartenant au département de Seine-et-Oise :

« Seule, l'impossibilité de consulter en temps utile pour cette année le département de Seine-et-Oise avait déterminé l'Administration à ajourner la question de l'annexion de ce dernier territoire à la commune du Bourget, bien qu'elle se présentât tout naturellement à la pensée puisque la commune du Blancmesnil forme en cet endroit, comme on peut s'en convaincre par la simple vue du plan, un enhachement anormal sur le territoire du département de la Seine.

« Si les considérations que nous énoncions tout à l'heure paraissaient de nature à faire hésiter le Conseil général, il serait peut-être bon d'ajourner l'opération à l'année prochaine, et de s'entendre sur ce point avec le Département de Seine-et-Oise. Le Conseil n'aurait dans ce cas qu'un simple vœu à émettre ». [1]

C'est, en effet, dans ce sens que la Commission se prononça, le 21 décembre 1861, en émettant le vœu « qu'il y a lieu de continuer et de compléter l'instruction commencée spécialement en ce qui touche les limites du département de la Seine ».

En dépit de ce bon vouloir, les années s'écoulaient sans que « l'instruction commencée » se terminât. A la date du 13 juin 1869, le Conseil municipal prit une nouvelle délibération sur ce sujet, très longue, très documentée et dont le texte fut autographié. Comme conclusions, il réclamait, soit l'annexion de Dugny, en tout ou en partie, soit une fraction de territoire prise sur chacune des communes de la Courneuve, du Blanc-Mesnil et de Drancy.

Nous avons dit, dans la Notice de Dugny, comment cette commune avait riposté, le 6 décembre 1869, à la délibération du Bourget : en montrant les avantages dont jouissaient ses voisins et qu'elle n'avait pas : un bureau de poste, une brigade de gendarmerie, une station de chemin de fer, une route impériale, — et en consentant par mesure de haute convenance, à distraire de son territoire l'emplacement du cimetière.

La guerre vint interrompre ces négociations. Elles ne furent

1. Conseil général de la Seine. Délibérations de 1861.

reprises qu'en 1872, et, après toutes les formalités que leur règlement entraînait, se terminèrent par la loi du 23 mai 1877, en vertu de laquelle le Bourget a conquis ses limites actuelles grâce à des emprises sur Drancy, Dugny et la Courneuve. C'était ce que la municipalité avait demandé en 1793, c'est-à-dire quatre-vingt-quatre ans auparavant.

Au point de vue cantonal, la commune du Bourget n'a pas connu de grandes modifications. Attribuée en 1790 au canton de Pierrefitte, elle fut, en l'an IX, lors de la suppression de ce canton, rattachée à celui de Pantin, auquel elle appartint quatre-vingt-treize ans. Il est à noter que, le 9 janvier 1834, son Conseil avait déclaré s'opposer formellement et à l'unanimité à un projet de translation du chef-lieu de canton à Belleville, dont l'emplacement n'offrirait que des inconvénients ; « ce serait déranger l'ordre de la centralisation par un déplacement illégal ».

La loi du 12 avril 1893 a fait passer le Bourget dans le canton, nouvellement créé, de Noisy-le-Sec. Le projet primitif, dressé par l'Administration en 1891, l'avait inscrit au nombre des communes devant former le canton d'Auvervilliers.

III. — ANNALES ADMINISTRATIVES. — LISTE DES MAIRES

Dans ce chapitre, nous nous proposons de grouper sous quelques rubriques les renseignements et documents que nous avons pu recueillir dans les registres de délibérations, sur la vie administrative et commerciale de la commune depuis la Révolution.

Administration. — Police. — L'un des premiers actes de la municipalité de 1789 fut de pourvoir à la sécurité des habitants ; à cet effet, elle créa, par arrêté du 29 juillet, quatre gardes de nuit, de huit heures du soir à cinq heures du matin, l'un d'eux devant rester constamment en sentinelle à la porte de la geôle du corps de garde, et un autre étant chargé de prévenir toute alerte possible en sonnant le toscin de l'église ; leur traitement était fixé à 37 livres 10 sous par quinzaine. Ce service salarié fut remplacé, dès le 13 septembre suivant, par celui de la garde bourgeoise, à laquelle succéda aussitôt la Garde Nationale, composée de quarante-quatre hommes à la date du 20 septembre.

Le 4 mars 1792, la municipalité édicta un règlement de police municipale en dix articles ; en voici la substance :

Art. premier. — Le maire ou, en son absence, les officiers municipaux auront la faculté d'entrer dans tous les lieux publics, soit pour y prendre connaissance des désordres qui s'y produiraient, soit pour vérifier les poids et mesures.

Art. 2. — Une amende qui ne pourra pas être inférieure à 2 livres ni supérieure à 50 sera prononcée contre ceux qui négligeraient de nettoyer la rue devant leur maison, qui laisseraient « divaguer des insensés ou furieux ou des animaux malfaisans et féroces ». En cas de récidive, la peine sera double.

Art. 3. — Des pénalités frapperont, de même, ceux qui auraient blessé quelqu'un par imprudence ou par la rapidité de leurs chevaux.

Art. 4. — Le refus de porter secours sera puni d'une amende qui ne pourra pas être inférieure à 3 livres.

Art. 5. — En cas de rixe ou de dispute dans les lieux publics, les délinquants seront punis d'une amende qui ne saurait être inférieure à 12 livres.

Art. 6.— Les faux poids, les fausses mesures seront brisés et l'amende sera, pour la première fois, de 100 livres au moins.

Art. 7. — La taxe des subsistances ne pourra provisoirement avoir lieu que sur le pain et la viande de boucherie.

Art. 8. — Sous peine d'une amende de 2 livres au moins, il est défendu de boire ou jouer à un jeu quelconque dans les auberges et autres lieux publics pendant l'office divin.

Art. 9. — Même prohibition après neuf heures du soir, de la Toussaint à Pâques; après dix heures, de Pâques à la Toussaint.

Art. 10. — Les carabaretiers ou autres personnes qui auraient commis une infraction aux deux articles précédents seront frappés d'une amende de 2 livres au moins, de 12 livres au plus, qui, en cas de récidive serait doublée.

Le 26 messidor an III (14 juillet 1795), la municipalité prit les dispositions suivantes au sujet des glaneurs :

« ... Le Conseil a arrêté que, pour assurer la rentrée et la sortie des glaneurs, la cloche serait sonnée aux heures ci-après, savoir: le matin à 5 heures; à 11 heures pour la rentrée; à 1 heure pour repartir et 7 heures du soir pour la rentrée fin de la journée. La cloche sera sonnée aux soins du citoyen Gramard père, qui recevra pendant le mois d'août la somme de trente livres. Ceux des glaneurs qui contreviendront aux heures susmentionnées encourront les peines portées au code rural ».

Le traitement du secrétaire de la mairie fut longtemps infime; une délibération du 10 février 1866 l'éleva de 200 à 300 francs. Pour 1883, il fut fixé à 1.600 francs (délibération du 21 mai 1882).

Instruction. — Nous avons retrouvé dans le premier des registres de délibérations conservés à la mairie un intéressant règlement sur l'instruction publique dans la commune en l'an XIII. En voici le texte complet :

Art. premier. — Les enfans seront divisés en trois classes pour la rétribution due à M. l'instituteur de la commune du Bourget :

La 1re classe à l'a, bé, cé payera par mois 0 fr. 15 centimes.

La 2e classe, à la lecture et l'écriture par mois 1 fr.

La 3e classe, à la lecture, l'écriture, le calcul par mois 1 fr. 10.

Art. 2. — M. l'instituteur sera tenu de se présenter à M. le Sous-Préfet, aux termes de la loi sur les instituteurs, pour obtenir son diplôme.

Art. 3. — M. le Sous-Préfet de l'arrondissement de Saint-Denis sera prié très instamment de s'adresser à M. le Préfet du département de la Seine afin d'obtenir pour la commune du Bourget un logement convenable au dit instituteur afin de contenir facilement et d'une manière salubre soixante ou quatre vingts enfans.

Art. 4. — Aucune personne autre que l'instituteur une fois reçu par les autorités compétentes ne pourra se charger de l'éducation de la jeunesse, à moins qu'elle n'y fût autorisée par le Gouvernement.

Art. 5. — Le logement convenable, tant pour ledit instituteur que pour les enfans, ne peut aller à moins de 150 francs dans la dite commune.

Art. 6. — La classe commencera au son de la cloche, à 8 heures du matin jusqu'à 11 heures, et depuis 1 heure après-midi jusqu'à 4 heures. La religion et la morale seront enseignées avec la lecture, l'orthographe, le plain-chant, et l'arpentage en cas de besoin.

Art. 7. — L'instituteur une fois reçu sera tenu, conformément à la loi, d'avoir sur le haut de la porte, et ce d'une manière apparente, un tableau indicatif.

Art. 8. — Copie du présent arrêté sera envoyée à M. le desservant afin d'en faire lecture au prône comme chose dont la connaissance est nécessaire à tous les habitants.

Art. 9. — M. Rousselet, maire, est autorisé par le Conseil à trouver provisoirement une maison convenable, sans toutefois faire aucun bail, jusqu'à la la décision de M. le Préfet du département.

Art. 10. — Expédition du présent arrêté de l'assemblée du Conseil général de la commune sera envoyée à M. le Sous-Préfet, et ont signé.... »

En même temps qu'elle édictait ces prescriptions, la municipalité fit choix d'un instituteur public, Pierre Pécheur, « âgé de 49 ans, pourvu de ses certificats, très bon tant pour l'instruction que pour la moralité ».

Par arrêté du 23 octobre 1849, le maire autorisa l'ouverture d'une école privée de filles, dirigée par la demoiselle Joséphine Lyon, institutrice.

Le 26 janvier 1852, la dame Élisabeth Charton, femme Malvault, pourvue du brevet de capacité déclara son intention d'ouvrir un externat primaire de filles, rue de Flandre, 10. Cette déclaration est transcrite au registre des délibérations.

Le Conseil municipal accepta, le 18 septembre 1867, la proposition faite par les sœurs de Saint-Vincent-de-Paul de diriger une école communale de filles en percevant la rétribution scolaire telle qu'elle est fixée pour les garçons ; elles se déclaraient à la tête d'une institution existant dans la commune depuis huit ans. Leur prise de possession eut lieu le 20 juillet 1868, « en la personne de Mme Roché (Eugénie-Marie-Félicité), institutrice congréganiste, emploi nouveau ».

Le groupe scolaire actuel fut fondé à la suite d'une délibération du 12 février 1882 par laquelle était accepté l'emplacement proposé pour cette fondation au lieu dit le Perrochet, contigu aux murs de la ferme de la Grâce de Dieu ; le Conseil ouvrit un crédit de 150,000 francs pour l'acquisition du terrain et la construction des bâtiments. Cependant, le 3 août 1884, il consentit à approuver un devis de construction, arrêté à 180,000 francs qu'avait dressé M. Chaffanjon, architecte communal.

Commerce, industrie. — Sur la situation industrielle et commerciale du Bourget il y a cent ans, le texte que l'on va lire, emprunté au premier registre des délibérations (Archives de la Seine), fournit les plus curieux renseignements :

Aujourd'huy, 19 prairial l'an 3 de la République (7 juin 1795), le Conseil assemblé s'est présenté à la maison commune le citoyen Monier, commissaire nommé par arrêté du Directoire de Franciade en date du 21 floréal dernier à l'effet de prendre des renseignements dans le canton de Pierrefitte concernant les poids et mesures, et a posé la série des questions suivantes, au nombre de vingt trois :

DEMANDES	RÉPONSES
1 Quelle est la population de cette commune ?	Environ 480.
2 Fabrique-t-on des poids et mesures dans cette commune ?	Non.
Et par conséquent où vous en approvisionnez-vous ?	A Paris et à Franciade.
3 Y a-t-il quelque artiste dans votre commune dans un genre de mécanique, et capitallistre *(sic)* ?	Il n'y en a aucun.
4 Quelle est la disposition adoptée par le Conseil de votre commune relativement à la loi du 15 mars 1790 pour l'aunage, mesurage, pesage public, etc. ?	Il n'y a rien de changé à la disposition ancienne.

5 Quel est le nombre des marchands détailliers à l'aune ou autre mesure de longueur analogue?	Il y en a deux.
6 Quel est le nombre des marchands forains analogues à ceux domiciliés?	Aucun marchand forain ne demeure dans cette commune; il en passe de temps en temps.
7 Quelle est la longueur exprimée par pied cy-devant de roi?	Le pied est de 12 pouces, le pouce de 12 lignes de notre usage, dit pied cy-devant de roi.
8 Existe-t-il des buis ou d'autres bois propres à la fabrication de ces mesures?	Il n'en existe point.
9 Combien existe-t-il de marchands de vin, cidre, bière, en détail ou autre marchand dont le débit exige l'usage des mesures de capacité?	Vingt-deux marchands.
10 Y a-t-il des verreries ou manufactures de fayence, etc.?	Il n'en existe aucune.
11 Quelles sont les matières employées pour les mesures usuelles de capacité pour les liquides?	Mesure d'étain et fer-blanc.
12 Indiquer, s'il est possible, le rapport des principales à la pinte de Paris?	On ne fait usage que de la pinte de Paris.
13 Pensez-vous que l'on puisse sans inconvénient substituer dans les marchés les poids aux mesures de capacité pour les grains?	Les poids nous paraissent plus justes et plus équitables.
14 Quelle est la contenance des mesures de capacité usuellement employées dans votre commune?	Minot et boisseau, mesure de Paris.
15 Combien ces mesures usuelles sont nécessaires pour le service du mesurage public?	Nous n'avons point de marché.
16 Combien de marchands grènetiers, fruitiers et regrattiers dans votre commune?	Il n'y en a point dans notre commune.
17 Comment se vend le charbon, le plâtre, la chaux et le bois?	Même mesure de Paris.
18 Se sert-on pour peser de romaine ou de balance?	De balance.
19 Combien comptez-vous dans votre commune de bouchers, boulangers, épiciers? Combien de moulins?	Point de boulanger, faute de farine, point de boucher, faute de viande; trois épiciers; point de moulin.
20 Combien de marchands en gros?	Un marchand épicier en gros.
21 Quel est l'usage de faire de grandes pesées?	Depuis une livre jusqu'à cinquante poids de marc.
22 Combien comptez-vous de marchands orfèvres, joailliers, bijoutiers, droguistes et apotiquaires?	Il n'y en a aucun.
23 Quel est le poids en usage pour les petites pesées et son rapport avec la livre de 16 onces, poids de marc?	Depuis la demi-once jusqu'à la livre poids de marc.

Le 25 octobre 1825, se termina sans protestation l'enquête *de commodo et incommodo* ouverte pour l'établissement dans la commune d'une manufacture de toiles cirées appartenant à M. Claude-Antoine Bourg, fabricant de toiles cirées, demeurant à Paris, boulevard Montparnasse, 36. M. Bourg fut maire du Bourget, de 1828 à 1842. Après sa mort, le 21 août 1843, sa veuve fit autoriser l'agrandissement des bâtiments de cette manufacture. Le procès-verbal constate qu'elle avait été fondée en vertu d'une ordonnance royale du 26 avril 1826.

Le 15 juillet 1835, fut close, de même sans protestation, l'enquête sur « l'ouverture par MM. Sommier aîné et frère, Grande Rue, Maison de Mme veuve d'Herbecy, d'une fabrique de sucre de betterave avec machine à vapeur à haute pression ».

Signalons enfin la création au Bourget, en 1867, de la cristallerie de M. Paris, maire de la commune de 1880 à 1888. Il avait fondé cet important établissement à Bercy.

Chemins de fer. — Par délibération du 18 décembre 1858, le Conseil municipal insista vivement pour que le nom de la station à créer sur la ligne de Soissons fût : station du Bourget. Il alléguait pour raisons le voisinage immédiat de la localité, son importance, sa position au centre des communes à desservir, le chiffre de sa population. On sait que satisfaction lui fut donnée; le nom de Drancy a pourtant été ajouté à la suite de celui du Bourget.

Le 18 février 1877, le Conseil réclama la création d'un service de banlieue entre Paris et Dammartin, en faisant observer qu'avant la guerre la ligne était desservie par 13 trains dans chaque sens, et que depuis, on en avait supprimé 4.

Appelé à délibérer, le 29 avril de la même année, sur l'emplacement d'une station de la ligne de Grande-Ceinture, il exprima, mais sans succès, le vœu que cette station fût construite dans le triangle formé par la route nationale, la ligne du chemin de fer de Grande-Ceinture et le chemin de la Courneuve.

MAIRES DU BOURGET

CHARLEMAGNE, Jean. Élu le 2 février 1790.

GODART. Élu le 13 novembre 1791.

GOUFFÉ. Élu le 10 mars 1793.

GODART. Élu à nouveau en floréal an III (1795).

CHARLEMAGNE. Nommé par arrêté du représentant du peuple, André Dumont, le 22 prairial an III (10 juin 1795). Il accepte provisoirement en faisant observer que la fonction est incompatible avec celle qu'il occupe de directeur de la poste aux lettres. Est élu agent municipal, le 22 brumaire an IV (13 novembre 1795).

ROUSSELET. An XII-1808.
MITTON. 1808-1814.
MUSNIER, Pierre-Victor-Gatien, maître de poste, 1815-1828.
BOURG, Claude-Antoine. 1828-1842.
LAFOREST, Jules-Marie. 1843-1862.
LE CROSNIER, Michel-Louis. Nommé par décret du 3 mai 1862.
DELAPLACE, Pierre-Alexis. Élu le 13 août 1871. Nommé par arrêté préfectoral du 9 mars 1874.
BUOTTOURENVILLE, Émile-Henri. Élu le 8 octobre 1876. Réélu le 21 janvier 1878.
PARIS, Charles-Émile. Élu le 27 mai 1880. Réélu le 22 janvier 1881 et le 17 mai 1884.
ANCEL, Pierre-Honoré. Élu le 20 mai 1888 par le bénéfice de l'âge. Réélu le 15 mai 1892.
GROULARD, Joseph-Edme. Élu le 4 juin 1893. Mort en fonctions le 6 mars 1895.
DELAUNAY, Jules-Auguste. Élu le 13 avril 1895. Réélu le 16 mai 1896.

IV. MONUMENTS ET ÉDIFICES PUBLICS

Mairie. — Le plus ancien renseignement que nous ayons à son sujet date du 20 janvier 1793; c'est l'acte d'adjudication au citoyen Constant Hervi, moyennant 141 livres par an, de la location d'une chambre et d'un grenier dépendant de la maison commune, donnant sur la grande rue du Bourget. Il est stipulé que le locataire avait le droit de cuire au four commun, sans rétribution aucune, et qu'il devait laisser parfaitement libre le passage de la chambre des assemblées. Où était située cette première mairie, c'est ce qu'il nous est impossible de préciser.

La mairie actuelle, construite par Lequeux, architecte de l'arrondissement, en 1838-1839, fut inaugurée solennellement en présence du sous-préfet de Saint-Denis, des maires de Dugny et du Pré-Saint-Gervais, le 14 juillet 1839. Le registre des délibérations municipales contient le procès-verbal « dressé pour transmettre à nos successeurs le souvenir de cette inauguration ». Il y est dit que l'édifice contient « 1° une salle de mairie pour la tenue des séances du Conseil; 2° une école primaire communale; 3° un corps de garde pour le service de la Garde Nationale ».

Église. — « Il y avait sur la gauche en montant, presqu'au bout de ce petit bourg, — écrivait l'abbé Lebeuf vers 1750, — une église succursale du titre de Saint-Nicolas, et peut-être étoit-ce pour cela que quelques anciennes provisions mettent *ecclesiam parrochialem de Dugniaco et Burgello.* Elle avoit été dédiée en 1551, par Charles, évêque de Mégare; mais, comme elle tomboit de caducité, elle fut interdite en 1734 et l'office fut transféré dans un autre lieu vers le même bout septentrional. Elle a depuis été rebâtie en partie des libéralités de l'épouse de M. Mirey, receveur des consignations, seigneur en partie; mais l'autel est placé dans l'Occident et la porte à l'Orient, ce qui est le contraire de ce qui avoit été pratiqué dans l'ancienne ».

Ce passage prouve que la première église du Bourget était située à droite de la grande rue, alors que l'édifice actuel est à gauche. Il n'offre rien de remarquable; bien que datant seulement du siècle dernier, il a nécessité, à plusieurs reprises, des réparations assez importantes: 630 francs en 1848; 7.248 francs en 1853. Nous ne parlons pas de la réfection presque totale qu'exigea le bombardement du monument et des combats qui s'y livrèrent, à l'intérieur même; on a vu plus haut que de ce chef la dépense était évaluée à plus de dix-sept mille francs.

Presbytère. — Il date de 1880; le règlement des travaux de construction a été arrêté par M. David, architecte communal, à 18.323 fr. 96.

Cimetière. — L'ancien cimetière était situé, suivant l'usage, derrière l'église. En 1832, la commune fit l'acquisition au prix de 1.800 francs du terrain actuel, appartenant à M. Bertucat (délibération du 19 juin, approuvée par ordonnance royale du 31 décembre 1832). On sait que jusqu'à l'année 1877, ce terrain se trouvait sur le territoire de Dugny. Le cimetière voisin de l'église fut fermé le 5 novembre 1833; quoique les murs tombassent en ruines, il resta longtemps à l'état de terrain vague (délibération du 24 août 1843) et ce n'est qu'en 1854 que l'on décida de le mettre en culture pour le rendre plus salubre.

Monuments commémoratifs de la guerre de 1870. — Au Bourget plus que partout ailleurs, il était naturel que la mémoire impérissable des sanglants combats d'octobre et de décembre 1870 fût marquée par des monuments commémoratifs; on n'en compte pas moins de cinq, de nature diverse, sur le territoire de la commune.

A l'extrémité du village, non loin de la ferme où se livrèrent les engagements si meurtriers d'octobre, et sur le sol même qui contient les restes de plus de cinq cents soldats français s'élève le monument commémoratif en forme de chapelle, que de pieuses mains entretiennent sans cesse de couronnes et de fleurs.

De chaque côté de la façade principale ont été gravées les inscriptions suivantes :

HONNEUR — PATRIE

MONUMENT ÉLEVÉ PAR SOUSCRIPTIONS PRIVÉES	SÉPULTURE DES BRAVES MORTS POUR LA PATRIE
28e RÉGIMENT DE MARCHE	14e BAT^{on} DES MOBILES DE LA SEINE
12e BAT^{on} DES MOBILES DE LA SEINE	BAT^{on} DES FRANCS-TIREURS DE LA PRESSE
GÉNIE	MARINS
10e BAT^{on} DES MOBILES DE LA SEINE	34e RÉG. DE MARCHE

Cretté de Palluel, donateur du terrain

A l'intérieur du monument, d'autres inscriptions portent les noms des membres du Comité qui l'a fait élever, et, sur les trois faces extérieures, sont gravées les listes des morts, réparties en six colonnes au-dessus desquelles se lit cette simple phrase : *Ils sont morts pour la Patrie.*

Sur la place plantée d'arbres qui s'étend devant la mairie, se dresse un mausolée en granit sur la face principale duquel est gravée une épée brisée, avec cette inscription :

BOURGET
XXX OCT. XXI DÉC.
MDCCCLXX

ILS SONT MORTS
POUR DÉFENDRE
LA PATRIE.
L'ÉPÉE DE LA FRANCE
BRISÉE DANS LEURS
VAILLANTES MAINS
SERA FORGÉE
DE NOUVEAU PAR LEURS
DESCENDANTS.

Sur la maison portant le n° 24 de la Grande Rue, est fixée une plaque de marbre blanc sur laquelle on lit ces mots :

ICI A ÉTÉ TUÉ
ERNEST BAROCHE,
COMMANDANT
DU 12e BATAILLON
DE LA GARDE NATIONALE MOBILE
DE LA SEINE,
LE 30 OCTOBRE 1870

Le cimetière, enfin, renferme deux souvenirs qui se rattachent à ces lugubres journées. Le plus ancien est une pyramide de pavés surmontée d'une croix, que les Allemands avaient élevée au lendemain même des combats, en l'honneur de leurs morts, dans le jardin d'une maison particulière appartenant à M. Benaïs [1]. Ce monument ayant été détruit, la municipalité le fit restaurer, par délibération du 3 juin 1877, « afin d'éviter au gouvernement toute espèce d'embarras avec une puissance étrangère ».

Le second est le monument élevé à la mémoire du commandant Roland, l'un des héros de la journée du 28 octobre. Après la guerre, ce vaillant soldat était entré dans l'administration de la Ville de Paris comme inspecteur des perceptions municipales. Il y resta attaché jusqu'à sa retraite, le 16 août 1891. Décédé le 30 janvier 1896, à l'âge de 75 ans, il fut inhumé au cimetière parisien de Pantin; mais la municipalité du Bourget était jalouse de posséder ses restes, qui furent transportés dans le cimetière de cette ville, le 19 avril, à la suite d'une délibération du 20 février approuvée par décret. Cependant, un Comité dirigé par M. George, président de l'Union démocratique des anciens défenseurs de la Patrie, s'était constitué pour élever sur cette tombe un monument digne de celui qu'elle recouvre. Parmi les souscripteurs, nous citerons le Conseil général de la Seine, qui s'inscrivit, le 23 mars, pour une somme de mille francs sur la proposition de M. Collardeau. Le monument est l'œuvre de M. Nénot, membre de l'Institut, l'un des combattants du Bourget; le buste en bronze du commandant

1. Cette propriété existe toujours, à peu près avec l'aspect qu'elle avait en 1870. — Le musée Carnavalet conserve dans la série de ses Estampes une photographie représentant le monument allemand dans ce premier emplacement.

Roland, représenté dans une attitude martiale et coiffé de son képi, a été sculpté par Mme Elisa Bloch.

La cérémonie d'inauguration a eu lieu le 25 octobre. MM. Chérioux et Max Vincent y ont parlé au nom du Conseil municipal et du Conseil général [1].

BIBLIOGRAPHIE

LEBEUF (l'abbé). *Histoire du diocèse de Paris*, t. II, pages 623-625 de l'édition de 1883.

OZOU DE VERRIE. *Les trois journées du Bourget. — La mort du commandant Baroche.* Paris, Jouaust, 1871, in-12; 72 pp.

Une page de l'histoire du siège de Paris par les Prussiens. La première affaire du Bourget, par un garde mobile (Henry Dichard). *Paris* 1871, in-8; 70 pp.

CAISE (Albert). *La vérité sur la garde mobile de la Seine et les combats du Bourget.* Paris, Glady frères, 1872, in-8; 149 pp.

DUQUET (Alfred). *Guerre de 1870-1871. Paris;* t. III: la Malmaison, le Bourget et le 31 octobre; Paris, Charpentier, 1893, in-12; — tome VI: second échec du Bourget et perte d'Avron; Paris, Charpentier, 1896, in-12.

MARJOLIN (Docteur). Rapport sur l'orphelinat Saint-Joseph des jeunes apprentis verriers fondé à la Cristallerie du Bourget (Seine), par M. E. Paris, manufacturier. Paris, Chaix, 1878, in-8; 15 pp.

FERNAND BOURNON.

1. On doit considérer aussi comme un hommage rendu aux combattants du Bourget les noms de : rue Brasseur, et rue Ernest Baroche, donnés par le Conseil, le 19 février 1888 aux rues de l'Eglise et de Dugny. Cette décision fut ratifiée par un décret du 10 mars suivant.

RENSEIGNEMENTS

ADMINISTRATIFS

I. — TOPOGRAPHIE, DÉMOGRAPHIE ET FINANCES

§ I. — TERRITOIRE ET DOMAINE

A. — TERRITOIRE

Nom. — Le Bourget.

Dénomination des habitants. — Il n'y a pas de vocable officiel en usage pour désigner les habitants; pourtant on trouve quelquefois employée la dénomination *Bourgetois.*

Armoiries. — Néant.

Limites du territoire. — La commune du Bourget est bornée :
Au Nord, par Dugny (Seine) et le Blanc-Mesnil (Seine-et-Oise);
A l'Est, par Drancy (Seine) et le Blanc-Mesnil (Seine-et-Oise);
Au Sud, par Drancy;
A l'Ouest, par la Courneuve.

Quartiers, hameaux, écarts. — Le pays est situé en entier de chaque côté de la route de Flandre, artère principale de la localité. Les habitations sont agglomérées surtout aux abords de l'église et de la gare.

Lieux dits. — Derrière le Bourget, Haute Mollette, le Haut du Bourget, la Maladrerie, le Haut Martineau, le Perrochet, la Mare Cassine.

Superficie de la commune. — La superficie actuelle du territoire est de 251 hectares, dont :

Propriétés bâties.	18 h. 04 a. 17 c.
Propriétés non bâties. . .	232 h. 95 a. 83 c.
Total égal. .	251 h. » a. » c.

Arrondissement. — Saint-Denis.

Canton. — Noisy-le-Sec.

Circonscription électorale législative. — Première circonscription de l'arrondissement de Saint-Denis.

Sectionnement électoral. — Pas de sectionnement.

Bureau de vote. — Un seul bureau de vote, à la Mairie.

Circonscription judiciaire. — Justice de paix de Pantin.

Circonscription de Commissariat. — Commissariat de police d'Aubervilliers.

Orographie. — Point le plus haut au-dessus du niveau de la mer : 45 mètres (tout le Nord et le Sud de la commune).

Point le plus bas : 40 mètres (toute la partie centrale de la commune).

Hydrographie. — Le Moleret[1] prend naissance à Rosny-sous-

1.

DÉSIGNATION des COURS D'EAU	LOCALITÉS du département situées SUR LES COURS D'EAU	LIMITES dans le département DES COURS D'EAU ou de leurs sections — A L'AVAL	A L'AMONT	LONGUEURS comprises dans le DÉPARTEMENT — PAR SECTION	PAR COURS D'EAU	LARGEUR MOYENNE des cours d'eau ou de leurs sections	PENTE TOTALE par cours d'eau ou par section	SURFACE DU VERSANT de chaque cours d'eau dans le DÉPARTEMENT
				mèt.	mèt.	mèt.	mèt.	m. car.
Ru de la Mollette ou du Moleret.	Le Bourget Bondy, Rosny-sous-Bois.	Rivière du Rouillon ...	Rosny-sous-Bois.	11.650	11.650	2,50	24,80	2.400
Ru du Bourget...	Le Bourget	Ru de la Mollette....	Fontaine-du-Bourget.	200	200	1,50	0,50	71

DÉSIGNATION des COURS D'EAU	VOLUME PAR SECONDE — DES EAUX ORDINAIRES	DES EAUX D'ÉTIAGE	DES GRANDES EAUX
	mèt. cub.	mèt. cub.	mèt. cub.
Ru de la Mollette ou du Moleret. .	0,020	0,010	0,060
Ru du Bourget..................	0,005	0,003	0,010

Bois, reçoit les égouts de cette commune, entre sur le territoire de Bondy, où il reçoit l'égout de la route nationale nº 3 et le canal d'assainissement de la voirie de Bondy, puis traverse le territoire du Bourget, où il reçoit l'égout de la route nationale nº 2.

A partir de la traversée de la route nationale nº 2, au Bourget, le Moleret prend le nom de Mollette ; le ruisseau traverse le territoire du Bourget, forme limite entre les communes de la Courneuve et de Dugny et se jette dans le Rouillon, après avoir passé sous le Croult et par-dessus la Vieille-Mer.

Le ru du Bourget prend naissance à la Fontaine-du-Bourget, parcourt la commune sur une longueur de 200 mètres et se jette dans la Mollette.

B. — DOMAINE

Mairie. — La mairie est située place de la Mairie et rue de Flandre (route nationale nº 2, de Paris à Maubeuge).

C'est un bâtiment à 3 fenêtres et surélevé d'un étage, dont l'extérieur n'a rien de remarquable.

Il comprend : au rez-de-chaussée, le cabinet du secrétaire et une salle de réunion et de vote qui était autrefois l'école.

Au 1er étage, le logement du secrétaire et la salle des délibérations, qui sert aussi de salle des mariages ; dans cette salle se trouvent exposées une reproduction du tableau d'Alphonse de Neuville représentant « La sortie de l'Église » le 30 octobre 1870, et l'épée du commandant Brasseur, offerte à la commune par sa famille et son exécuteur testamentaire.

La superficie du terrain est de 4 ares 07 centiares.

L'acquisition, en 1835, coûta 15.589 fr. 35.

Le bâtiment appartient à la commune.

Écoles.— Le groupe scolaire, construit en 1884, pour une somme de 180.748 francs, est situé rue des Écoles.

La superficie du terrain est de 52 ares 48 centiares.

Église.— L'église, sous le vocable de Saint-Nicolas, est un monument sans aucun caractère, rue de Flandre, au lieu dit « le vieux Bourget ». Sa construction est antérieure à 1810, mais il n'est resté nulle trace de la dépense. Le terrain occupé est d'une contenance de 3 ares 30 centiares.

Le monument appartient à la commune.

Temple, Synagogue. — Néant.

Presbytère.— Le presbytère se trouve ruelle de l'Église, derrière celle-ci. Sa construction date de 1880. L'achat du terrain et la construction coûtèrent 18.323 fr. 96.

La superficie du terrain est de 7 ares. C'est la propriété de la commune.

Cimetière. — Le cimetière qui a la forme d'un triangle, est situé chemin du Lavoir (vic. n° 1). Il remplace l'ancien qui était placé derrière l'église.

L'achat de ce terrain, qui remonte à l'année 1832, se fit au prix de 1.800 francs ; les travaux occasionnèrent une dépense de 4.809 francs.

Sa contenance est de 27 ares 43 centiares.

Un caveau dépositoire a été ouvert le 15 février 1886; la dépense s'est élevée à la somme de 504 fr. 53.

Tombes militaires. — Dans le cimetière, on voit un monument érigé par les Allemands sur la tombe des soldats du 3e régiment de la garde prussienne (Reine Elisabeth) qui furent décimés; il se compose d'une pyramide formée d'assises superposées. Sur une dalle sont inscrits les noms des principaux morts; sur une seconde pierre est gravée une couronne avec la désignation du régiment; sur une troisième est sculptée l'aigle prussienne [1].

Le cimetière contient aussi le tombeau du commandant Roland, décédé en 1896.

A la sortie du village, sur le côté gauche de la route de Flandre, un monument en forme de chapelle a été construit par les soins d'un comité privé qui l'a donné à la commune. Il contient à l'intérieur deux bas-reliefs en pierre repésentant la défense de l'église par le commandant Brasseur et la mort d'Ernest Baroche, tué en traversant la cour du n° 24 de la rue de Flandre, où une plaque commémorative a été placée.

Le monument porte gravés sur ses parois extérieures les noms de 89 officiers qui sont y inhumés; il n'est pas fait mention des 500 soldats.

Hospice. — Néant.

Hôpital. — Néant.

Morgue. — Néant.

1. CLÉMENT DE LACROIX : *Les morts pour la patrie.— Tombes militaires et monuments.*— Paris, chez l'auteur, 1891, in-4°.

Crèche. — Néant.

Dispensaire. — Néant.

Fourneau économique. — Néant.

Théâtre. — Néant.

Abattoir. — Pas d'abattoir public, mais une tuerie particulière chez un boucher de la localité.

Fourrière. — Néant.

Terrains communaux. — Néant.

Fort. — Néant.

§ II. — DÉMOGRAPHIE

A. POPULATION

Les dénombrements faits depuis 1801 donnent les résultats suivants.

1801	435
1817	431
1831	573
1836	617
1841	738
1846	708
1851	654
1856	623
1861	706
1866	807
1872	1.072
1876	1.380
1881	1.759
1886	2.039
1891	2.235
1896	2.250

Le chiffre de la population de la commune a donc plus que quintuplé depuis le commencement du siècle.

Les tableaux dressés à la suite du dernier recensement contiennent les renseignements suivants:

Population *résidente :* 2.550.

Résidents présents	2.413	2.550 habitants.
— absents	49	
Population comptée à part	88	

La population *recensée comme présente*, le 29 mars 1896, se décompose ainsi :

	ENFANTS ou célibataires	MARIÉS	VEUFS	DIVORCÉS	TOTAL
Hommes	671	527	52	1	1.251
Femmes	603	515	134	1	1.253
	1.274	1.042	186	2	2.504

La population du Bourget, au point de vue de la provenance, se divise ainsi :

14/20es d'habitants venus de divers points de la France ;
5/20es d'habitants nés au Bourget ;
1/20e d'Alsaciens et d'étrangers.

Le classement de cette population par nationalité est résumé dans le tableau suivant :

		HOMMES	FEMMES	TOTAL
Français	Nés de parents français	1.182	1.180	2.362
	Naturalisés	39	34	73
Etrangers	Allemands	5	5	10
	Belges	22	30	52
	Italiens	»	2	2
	Suisses	3	2	5
		1.251	1.253	2.504

Les départements de la France qui fournissent au Bourget le plus fort contingent sont :

Seine (non compris le Bourget)	461 habitants
Seine-et-Oise	139 —
Meurthe-et-Moselle	129 —
Nord	136 —
Aisne	117 —
Oise	105 —
Somme	56 —

En résumé, la population du Bourget est ainsi répartie d'après le lieu de naissance:

Français	2.435	dont.	601	nés dans la commune.
Étrangers . . .	69	dont	8	—
Soit un total de. .	2.504	habitants, dont	609	nés dans la commune.

Dans l'année 1895, l'état-civil a enregistré:

80 naissances;
52 décès;
9 mariages;
» divorces.

B. — HABITATIONS.

Nombre de maisons: 163.

Habitations composées	d'un rez-de-chaussée.	18
—	d'un étage	101
—	de deux étages.	33
—	de trois étages ou plus.	11
	Total	163

dont . . . . 161 occupées
et. . . . . 2 vacantes.

Nombre de logements: 719, occupés par . . . . 108 isolés.
et. . . . 611 familles.

32 ateliers.
21 magasins ou boutiques.

C. — DIVERS

Électeurs inscrits en 1896. — 589.

Recrutement. — 14 conscrits ont tiré au sort en 1896.

Chevaux. — 115 chevaux, appartenant à 41 propriétaires:

Chevaux entiers . .	51	dont	4	au-dessous de 6 ans et	47	au-dessus
Chevaux hongres. .	47	dont	2	—	45	—
Juments.	17	dont	2	—	15	—
Totaux	115	—	8	—	107	—

Voitures. — 56 voitures, appartenant à 47 propriétaires:

29	à 2 roues,	attelées	de 1 cheval
8	—	—	de 2 chevaux
12	à 4 roues,	attelées	de 1 cheval
5	—	—	de 2 chevaux
2	—	—	de 3 —
Total. . . 56			

§ III. — FINANCES

A. — CONTRIBUTIONS

Principal des contributions directes en 1896 :

Contribution foncière.	5.942 »
— personnelle et mobilière . .	3.423 »
— des portes et fenêtres. . . .	2.409 »
— des patentes.	6.113,56
Total.	17.887,56

Perception des contributions.— La commune dépend de la perception d'Aubervilliers. Le percepteur de cette circonscription se tient à la mairie du Bourget, le 3e lundi de chaque mois, de 11 heures à 3 heures.

B. — OCTROI

Pas d'octroi dans la commune.

C. — FINANCES COMMUNALES

Recettes ordinaires d'après le compte de 1895.	30.530,97
— extraordinaires — — .	7.958,73
Total.	38.489,70 [1]
Dépenses ordinaires d'après le compte de 1895.	27.438,42 [2]
— extraordinaires — — .	6.463,17 [2]
Total	33.901,59 [3]

Les dépenses se répartissent ainsi entre les principaux services :

1° Administration et police	7.307,18
2° Voirie	10.082,35
3° Bienfaisance	1.070,20
4° Enseignement.	3.349,90
5° Dépenses diverses	8.778,80

1. Ces recettes constituent les ressources normales de la commune.
2. Non compris les restes à payer devant figurer au compte administratif de l'année suivante.
3. Ce total représente les dépenses normales de la commune.

Emprunts. — Un emprunt de 60.000 francs pour la construction d'un groupe scolaire, autorisé par arrêté préfectoral du 19 août 1884 et remboursable en 28 annuités, du 1er janvier 1885 au 31 décembre 1912.

Un emprunt de 1.800 francs pour restitution aux fonds spéciaux de la vicinalité, autorisé par décret du 11 décembre 1895 et remboursable en 3 ans, du 1er janvier 1896 au 31 décembre 1899.

Secours. — La commune a reçu, à différentes reprises, depuis 1890, des secours pour l'exécution des travaux énumérés ci-après :

Année 1890. — Pavage de la rue Brasseur : 6.700 francs.

Année 1895. — Travaux à la mairie : 5.084 francs.

Valeur du centime en 1896. — 178 fr. 88.

Nombre de centimes. — 103 centimes, dont 23 extraordinaires, non compris les 3 centimes pour frais de perception des impositions communales.

Charges par habitant. — 13 fr. 64.

Receveur municipal. — Le percepteur des contributions d'Aubervilliers remplit les fonctions de receveur municipal de la commune du Bourget.

Il reçoit, à cet effet, un traitement de 917 fr. 40

II. — SERVICES PUBLICS

§ I. — BIENFAISANCE

Bureau de Bienfaisance. — Cet établissement charitable distribue aux indigents des secours en nature : pain, viande et combustible et leur fait donner, en cas de maladie, les soins nécessaires.

Un médecin, attaché au Bureau de Bienfaisance, reçoit une indemnité annuelle de 400 francs; une sage-femme touche 150 francs par an.

Trente-trois familles, représentant 78 individus, sont inscrites au Bureau de Bienfaisance.

En outre, le Bureau distribue, chaque hiver, des secours à des indigents non inscrits.

D'après la dernière situation financière, les recettes du Bureau se sont élevées à 2.734 fr. 37 et les dépenses à 2.457 fr. 35, d'où un excédent de recettes de 277 fr. 02.

Les revenus de l'établisssement étant inférieurs à 30.000 francs, c'est le Receveur municipal qui est, de droit, trésorier du Bureau; il reçoit, à cet effet, une indemnité annuelle de 114 francs.

Hospice. — Néant.

Hôpital. — Néant.

Traitement des malades dans les hôpitaux de Paris. — Les malades de la commune sont envoyés en traitement dans les hôpitaux de Paris.

Conformément aux délibérations du Conseil général, du 3 avril 1890, et du Conseil municipal, du 27 juillet 1890, la commune paye un abonnement basé sur le nombre moyen des journées de traitement des trois années précédentes, à raison d'un franc par jour et par malade.

La somme payée, pour l'année 1895, a été de 530 francs.

Assistance à domicile. — Par délibération en date des 18 décembre 1895 et 26 avril 1896, le Conseil général a fait inscrire au budget départemental une somme annuelle de 50.000 francs, destinée à subvenir à l'assistance à domicile des vieillards indigents, infirmes et incurables. La part contributive du département sera déterminée par l'Administration et devra correspondre au tiers de l'allocation municipale qui, d'ailleurs, est facultative.

Les conditions d'âge sont 65 ans pour les indigents valides; elles ne sont pas applicables aux infirmes et aux incurables.

Il faut, en outre, avoir séjourné depuis 10 ans à Paris ou dans une commune du département.

En 1896, aucune disposition n'a été prise par la commune.

Aliénés.— 3 aliénés, ayant au Bourget leur domicile de secours, ont été placés, en 1895, dans divers asiles et ont donné lieu aux dépenses suivantes :

1 à Pont-l'Abbé	46 jours à 1 fr. 25.	57,50
1 à Saint-Dizier	365 jours à 1 fr. 25.	456,25
1 à Tours	365 jours à 1 fr. 40.	511 »
	Total.	1.024,75

Les proportions pour lesquelles les communes du département de la Seine doivent contribuer aux dépenses des aliénés ont été fixées, par délibération du Conseil général, du 27 décembre 1886, à 20, 25, 30 et 35 % sur la dépense totale, suivant le revenu de la commune.

Le Bourget contribue pour 30 % dans la dépense des aliénés qui sont à sa charge, ce qui donne, pour l'année 1895 :

$$\frac{1.024,75 \times 30}{100} = 307,42$$

Enfants Assistés. — L'hospice des Enfants Assistés par le département de la Seine est situé à Paris, rue Denfert-Rochereau, nos 72 et 74. La part afférente à la commune, pour 1895, a été de 390 fr. 47.

Enfants moralement abandonnés. — Le contingent à fournir

par la commune dans la répartition des dépenses, pour l'année 1895, s'est élevé à 53 fr. 16.

Protection des enfants du 1er âge. — En 1895, les déclarations faites par les parents, conformément à l'article 7 de la loi du 23 décembre 1874, se résument ainsi qu'il suit :

	AU SEIN	AU BIBERON	TOTAUX
Nombre d'enfants du Bourget mis en nourrice dans le département de la Seine (hors Paris).............	3	»	3
Nombre d'enfants mis en nourrice hors du département de la Seine....................................	3	4	7
	6	4	10

Les déclarations d'élevage faites par les nourrices de la localité ont été de 10 enfants, dont 1 seulement né hors du département de la Seine.

Crèche. — Néant.

Dispensaire. — Néant.

Fourneau économique. — Néant.

Secours aux familles des réservistes. — Un crédit de 200 francs est inscrit au budget de 1896, pour être distribué aux familles nécessiteuses des soldats de la réserve et de l'armée territoriale.

Propagation de la vaccine. — Le service fonctionne quatre fois par an, le 2e dimanche de chaque trimestre, de 9 heures à 11 heures.

Il y a eu, en 1895, 53 vaccinations et 22 revaccinations.

Caisse des écoles. — Conformément aux dispositions de l'art. 15 de la loi du 10 avril 1867, une Caisse des écoles a été créée le 18 septembre 1882.

Situation en 1895 :

Recettes	1.994,35
Dépenses.	1.011, »
D'où un excédent, en caisse, de. . .	983,35

Bureau municipal de placements gratuits. — Néant.

Société de secours mutuels. — Néant.

§ II. — ENSEIGNEMENT

Écoles des garçons. — L'école de garçons comprend 3 classes et 159 élèves, dirigés par 3 instituteurs.

École de filles.— Elle a à sa tête une institutrice et est composée de 42 élèves.

École maternelle et enfantine.— Elle comprend 60 enfants des deux sexes; le personnel se compose d'une directrice.

Enseignement du chant, du dessin et de la gymnastique.— Néant.

Admission dans les écoles primaires supérieures et professionnelles de la ville de Paris. — 3 enfants des écoles du Bourget ont été admis dans les écoles supérieures et professionnelles de la Ville de Paris, pour l'année scolaire 1895-1896.

Dons et legs faits aux écoles.— Néant.

Bibliothèques scolaires. — Une bibliothèque scolaire est installée dans chaque école.

Celle des garçons est composée de 110 volumes; celle des filles, de 138.

Des prêts sont faits aux enfants des écoles et à leurs familles.

Association philotechnique. — Néant.

§ III. — VOIRIE

La longueur des voies de communication qui sillonnent le territoire de la commune est de:

1 route nationale	2.100	mètres
1 chemin vicinal de grande communication. .	850	—
5 chemins vicinaux ordinaires.	2.214	—
6 chemins ruraux	3.200	—
Voirie urbaine.	270	—
Total	8.634	—

Route nationale. — La route nationale *n° 2, de Paris à Maubeuge (route de Flandre),* traverse le territoire du Bourget sur une longueur de 2.100 mètres.

Sa chaussée est entièrement pavée depuis l'origine jusqu'à la limite du département.

Du chemin de Noisy-le-Sec à la sortie du Bourget, la chaussée pavée a 10 mètres de largeur, et les accotements 12^{m}, 50 chacun.

Sur les 500 mètres qui font immédiatement suite à la traverse du Bourget, la chaussée pavée a 8 mètres de largeur. Au delà et sur les 1.560 mètres qui s'étendent jusqu'à la limite du département, on a consacré, en 1895, une partie des crédits d'entretien à la suppression de la bande empierrée qui existait à droite de la route, de sorte que, depuis la sortie du Bourget, la chaussée est entièrement pavée sur sa largeur de 8 mètres.

Du chemin de Noisy-le-Sec jusqu'à l'entrée du Bourget, le pavage est assez bon; mais sur tout le reste de la route, il est en médiocre état; une réfection immédiate s'impose.

La route est plantée de chaque côté d'une rangée d'arbres sur toute sa longueur.

Chemin vicinal de grande communication. — Le chemin vicinal de grande communication *n° 30, de Stains à Bonneuil-sur-Marne* (ancien chemin n° 38, de Stains à Bondy) traverse le territoire du Bourget sur une longueur de 850 mètres, coupée en deux tronçons d'inégale longueur par la rue de Flandre (route nationale n° 2).

Dans la plaine jusqu'à l'entrée du Bourget, le chemin a des largeurs variant entre 12 et 14 mètres avec une chaussée de 6 mètres en pavés de gros échantillon; cependant, sur une longueur d'environ 200 mètres, à la limite des deux territoires, la chaussée n'a qu'une largeur de 5 mètres.

Sur le Bourget, le chemin n'a plus que 10 mètres d'ouverture comprenant toujours une chaussée de 6 mètres pavée, partie en pavés de gros échantillon, partie en matériaux de 14/20/16.

Ce chemin est en bon état sur toute sa longueur.

Chemins vicinaux ordinaires. — Le tableau ci-dessous donne la situation des chemins vicicinaux ordinaires situés sur le territoire de la commune.

NUMÉROS	DÉSIGNATION DES CHEMINS	LONGUEUR	ORIGINE	FIN	Largeur moyenne		CHAUSSÉE		Observations
					Totale	Chaussée	Nature	État	
1	DU LAVOIR	m. 230	Chemin de grande commun. n° 30.	Limite du territoire de Dugny.	m. 10	m. 5	Empierrée.	Néant	
2	DE LA COURNEUVE	855	Route nationale n° 2	Territoire de La Courneuve.	12	5	Pavée sur 60 mètres.	id.	
3	DU HAUT-CONDOS.	352	Id.	Limite de Dugny.	14	3	Pavée	id.	
4	DE LA GARE	208	Chemin de grande commun. n° 30.	Place de la Gare.	16	6	Id.	id.	
5	LATÉRAL A LA GARE	569	Route nationale n° 2.	Chemin de grande commun. n° 30.	10 et 11	6	Empierrée.	id.	
	TOTAL	2.214							

En déduisant les parties mitoyennes au compte des communes voisines, la longueur totale à entretenir par la commune du Bourget est de 2.038 mètres.

Les dépenses relatives à l'entretien se sont élevées, en 1895, à 4.405 francs. (Le département a alloué une subvention de 500 francs).

Travaux neufs sur chemins vicinaux ordinaires	Travaux neufs faits dans l'année et dépenses correspondantes.	Canalisation sous le chemin n° 4, dit « de la Gare ».
	Projets en préparation.	Néant.

Chemins ruraux. — Les chemins ruraux sont au nombre de 6; leur étendue est de 3.200 mètres.

Route militaire. — Néant.

Voirie urbaine. — Les rues de la commune sont au nombre de 9; deux portent le nom d'illustres défenseurs du pays pendant la guerre de 1870-71 : la rue Brasseur et la rue Ernest Baroche.

Voirie urbaine		
	Travaux faits dans l'année et dépenses correspondantes.	Néant.
	Projets en préparation.	La commune prévoit l'établissement d'une rue dans le parcours de l'égout en construction.

Prestations. — Par suite de l'insuffisance des ressources ordinaires de la commune applicables à l'entretien des chemins vicinaux, le Conseil municipal vote, chaque année, 3 journées de prestations dont la valeur en argent est appréciée par le Conseil d'arrondissement et le Conseil général.

Le rôle de l'année 1896, comporte 526 articles imposés se décomposant comme suit:

1.713 journées d'homme à 2 francs	3.246 fr. »
210 journées de voiture à 2 fr. 25	472 fr. 50
309 journées de cheval à 2 fr. 25.	695 fr. 25

Sur ce nombre de journées, sont faites en nature :

84 journées d'homme;
48 journées de voiture;
63 journées de cheval.

Il y a lieu de remarquer que ce total se trouve réduit par suite de décharges, cotes indues et non-valeurs.

De plus, Le Bourget étant une des communes qui votent, chaque année, 5 centimes ordinaires, plus 3 journées de prestations a reçu, pour 1895, du département, une subvention de 500 francs pour l'entretien de ses chemins vicinaux.

Entretien des rues et des chemins ruraux.— L'entretien des rues et des chemins ruraux est assuré par un cantonnier.

Balayage. — Les habitants sont tenus de balayer, une fois par semaine, au droit de leurs maisons.

Droits de voirie.— Voir annexes. (Les droits de voirie ont été établis par délibération du Conseil municipal, du 28 août 1890, approuvée par arrêté préfectoral du 30 décembre de la même année).

Ponts. — Un ponceau sur la Mollette, à la traversée de la route nationale n° 2. La date de la construction est antérieure à 1792.

Rus. — Il a été fait mention à l'article « Hydrographie » des deux rus qui traversent le territoire de la commune.

Un curage a été prescrit, pour la Mollette, en 1895 ; quelques riverains sur le territoire de la Courneuve et de Dugny l'ont imparfaitement exécuté et un arrêté du 29 avril 1896 l'a prescrit à nouveau.

Port.— Néant.

Égout. — Il n'y a qu'un égout, sous la route nationale n° 2, d'une longueur de 100 mètres environ.

Enlèvement des boues. — L'enlèvement des boues est fait, tous, les dimanches, par un adjudicataire, qui reçoit 600 francs par an.

Distance de Paris. — La distance de Paris (parvis Notre-Dame) au Bourget (Mairie) est de 11 kilomètres, en suivant la route nationale n° 2.

Distance du chef-lieu de canton. — Le Bourget est situé à 7 kilomètres 700 mètres de Noisy-le-Sec.

Distance des autres communes du canton :

Drancy est à 2 kilomètres 800 mètres.
Bobigny est à 5 kilomètres 500 mètres.
Bondy est à 8 kilomètres 200 mètres.
Romainville est à 8 kilomètres 500 mètres.
Rosny est à 10 kilomètres 500 mètres.
Villemomble est à 11 kilomètres 900 mètres.

Moyens de transport. — Le Bourget est desservi par le chemin de fer du Nord.

La station de la ligne de Grande-Ceinture qui porte le nom de « Le Bourget-Grande-Ceinture » est située sur le territoire de Drancy.

Chemin de fer du Nord. — Lignes de Paris à Crépy-en-Valois et de Paris-Nord à Paris-Est par Gargan (Gare du Bourget-Drancy).

Vingt-quatre trains, pendant la semaine, et dix-huit, le dimanche, s'arrêtent au Bourget, venant de Paris.

Vingt-quatre trains, pendant la semaine, et dix-huit, le dimanche, s'arrêtent au Bourget, venant de Crépy-en-Valois, entre 5 heures et demie du matin et minuit et demi.

La durée du trajet entre Paris-Nord et le Bourget-Drancy est, en moyenne, de 20 minutes, La distance est de 10 kilomètres.

	BILLETS SIMPLES			BILLETS D'ALLER ET RETOUR		
	1re CL.	2e CL.	3e CL.	1re CL.	2e CL.	3e CL.
Prix du trajet entre Paris-Nord et le Bourget-Drancy............	1 fr. 10	0 fr. 75	0 fr. 50	1 fr. 70	1 fr. 20	0 fr. 80

Prix des cartes d'abonnement :

POUR UN MOIS			POUR TROIS MOIS			POUR SIX MOIS			POUR UN AN		
1re CL.	2e CL.	3e CL.	1re CL.	2e CL.	3e CL.	1re CL.	2e CL.	3e CL.	1re CL.	2e CL.	3e CL.
40 fr.	30 fr.	20 fr.	89 fr.	67 fr.	44 fr.	133 fr.	100 fr.	67 fr.	200 fr.	150 fr.	100 fr.

Une réduction de moitié sur le prix des abonnements ordinaires est accordée aux élèves qui, n'ayant pas 18 ans, font leurs études dans un lycée ou dans tout autre établissement d'instruction.

Les élèves âgés de plus de 18 ans paient, pour un abonnement d'un an, le prix d'un abonnement de 6 mois, et, pour un abonnement de 6 mois, le prix d'un abonnement de 3 mois.

Il est délivré aux étudiants des facultés : 1° des abonnements de 10 mois pour la période scolaire, avec réduction de moitié sur le prix fixé pour l'année entière.

2° Des abonnements d'un an commençant à courir, les 1er, 11 ou 21 d'un mois quelconque, aux prix fixés par le présent taux pous les abonnements de 6 mois.

Billets d'ouvriers. — La Compagnie du Chemin de fer du Nord met des billets, au prix réduit de 1 fr. 40 par semaine, aller et retour, entre le Bourget et Paris, à la dispositions des ouvriers dans les conditions habituelles.

Omnibus. — Un omnibus fait le service de la gare du Bourget à Dugny (4 kilomètres). Il y a cinq départs par jour dans chaque sens. Le premier départ du Bourget a lieu à 9 heures 40 du matin, le dernier a 5 heures 40 du soir.

Le prix des places pour le Bourget est de 0 fr. 20.

Eaux. — La commune du Bourget est alimentée par la Compagnie Générale des Eaux, dont le siège social est à Paris, rue d'Anjou, n° 52, en vertu d'un traité en date du 22 octobre 1881, approuvé par arrêté préfectoral du 19 décembre suivant, pour une durée de 50 années prenant fin le 21 octobre 1931.

6 bornes-fontaines, 1 fontaine Wallace.

4 bouches d'eau, dont 2 servent pour le lavage des voies, sont disséminées dans la commune; l'abonnement annuel est de 115 francs (tarif privilégié).

L'eau est fournie gratuitement aux écoles et à la mairie.

Les abonnements sont faits aux particuliers aux prix du tarif suivant :

250 litres par 24 heures	....	70 francs par an
580 — —	....	100 — —
1.000 — —	....	150 — —
1.500 — —	....	210 — —

Et pour toute quantité excédant 1.500 litres, à raison de 100 francs les 1.000 litres.

Au-delà de 500 litres, il ne sera pas fait d'augmentation de concession pour des quantités inférieures à 500 litres.

Il ne sera pas accordé d'abonnement pour des quantités inférieures à 250 litres.

Éclairage. — La commune a passé, le 21 avril 1879, pour une durée de 50 années, avec la Compagnie française d'éclairage et de chauffage par le gaz, un traité pour la fourniture du gaz nécessaire à l'éclairage tant public que privé, approuvé par arrêté préfectoral du 9 juin 1880.

Ce traité expire le 9 juin 1930.

L'éclairage public comprend 32 appareils.

Le prix est de 0 fr. 20, le mètre cube, pour l'éclairage public et de 0 fr. 30 pour l'éclairage privé.

§ IV. — JUSTICE ET POLICE

Justice de Paix. — La commune du Bourget dépend de la Justice de Paix de Pantin.

Les audiences de conciliation ont lieu le mardi et les audiences publiques le vendredi, de midi à 5 heures.

Offices ministériels. — Il n'y a pas d'offices ministériels dans la commune.

Commissariat de Police. — Le Bourget relève du Commissariat de Police d'Aubervilliers.

Gendarmerie. — La gendarmerie est située rue de Flandre, à l'angle de la rue du Blanc-Mesnil. Elle est occupée par une brigade à cheval, composée de 1 brigadier et de 4 hommes.

Garde champêtre. — Il n'y a qu'un garde champêtre dans la commune.

Messiers. — Néant.

§ V. — CULTES

Paroisse. — La paroisse du Bourget constitue une succursale, dont le titulaire reçoit un traitement de 900 francs par an.

Budget de la fabrique. — Les recettes du budget de la fabrique s'élèvent à 2.500 francs par an environ.

Fondations. — Il n'a été fait à la paroisse du Bourget qu'une seule fondation d'une messe par an.

Congrégations. — Les sœurs de Saint-Vincent-de-Paul dirigent une école libre de filles.

§ VI. — SERVICES DIVERS

Poste, télégraphe, téléphone. — Le bureau de poste et télégraphe est situé rue de Flandre, n° 14.

Il est ouvert de 7 heures du matin à midi et de 2 heures à 7 heures.

Ce bureau dessert les communes de Drancy, Dugny et le Blanc-Mesnil, celle-ci dépendant du département de Seine-et-Oise.

Le service est fait par une receveuse et 4 facteurs.

Il est fait 2 distributions par jour.

Indépendamment de la boîte aux lettres qui se trouve dans le bureau de poste, il y a dans la commune 3 boîtes de quartier placées rue de Flandre, n° 51 ; rue de Flandre, n° 87 et à la gare du chemin de fer.

Une cabine téléphonique publique est installée au bureau de poste.

Caisse nationale d'épargne (postale). — 128 livrets ont été délivrés en 1896, pour une somme de 11.643 francs.

Sapeurs-pompiers. — La compagnie des sapeurs-pompiers du Bourget comprend un lieutenant-commandant, 1 sergent, 2 caporaux, 3 tambours et clairons et 14 sapeurs.

Les pompiers sont exonérés de prestations; les tambours et clairons reçoivent, en outre, une solde de 20 francs par an.

La commune a voté, en 1895 :

Assurance ou secours et pensions en faveur des sapeurs-pompiers blessés, de leurs veuves ou de leurs enfants.	150 85
Habillement et équipement	100 »
Frais de déplacement, indemnités ou gratifications	100 »
Rachat de la prestation individuelle des pompiers	120 »
Entretien des pompes et accessoires	100 »

Marché. — Un marché aux comestibles se tient sur la place de la Mairie, le samedi de chaque semaine, de 8 heures du matin à 3 heures du soir.

La concession en est faite, moyennant 500 francs par an, pour une durée de 9 années, à partir du 1er avril 1889.

Droits de place :

Place de 2 mètres carrés	0,30
Tente abri de 2 mètres carrés	0,30
Table	0,20
Store	0,10

Le nombre moyen des marchands est de 18.

La quantité des marchandises vendues annuellement est de :

Volailles et gibiers	2.300 kilos
Poissons	1.250 —
Viandes	13.000 —
Beurres, œufs et fromages	3.120 —
Fruits et légumes	4.680 —
Mercerie, bonneterie, chaussures et articles de ménage	8.300 —

Pompes funèbres. — La commune a traité avec l'entreprise des pompes funèbres générales, dont le siège est à Paris, 66, boulevard Richard-Lenoir.

Le secrétaire de la mairie est chargé du règlement des convois.

Il y a huit classes.

Bureaux de tabac. — 2 bureaux de tabac se trouvent dans la localité : l'un, rue de Flandre, n° 10 ; l'autre, rue de Flandre, n° 26.

Bibliothèque municipale publique. — La bibliothèque municipale de prêts gratuits à domicile a été fondée en 1886.

Elle est installée dans deux salles de la mairie et placée sous la direction du secrétaire.

Elle est ouverte le jeudi, de 8 heures du matin à 4 heures du soir.

1.020 volumes sont mis à la disposition des lecteurs qui sont au nombre de 240.

La commune ayant voté 100 francs, au budget de 1896, pour l'entretien de la bibliothèque et achat de livres a reçu, à titre d'encouragement, du Conseil général, une somme de 200 francs pour le même objet.

Archives de la commune. — Les archives de la commune se composent:

Des registres de l'église, succursale de Dugny, de 1692 à 1792 ;

Des registres de l'état-civil, depuis 1792;

Des registres des délibérations;

Et de divers dossiers, tous modernes.

§ VII. — PERSONNEL COMMUNAL

NOMBRE	EMPLOI	TRAITEMENT
1	Médecin de l'État Civil	150 francs
1	(en même temps) du Bureau de Bienfaisance	400 —
1	Secrétaire de la mairie	1.800 —
1	Receveur municipal (emploi occupé par le percepteur d'Aubervilliers)	917,40
1	Agent voyer	50 —
1	Cantonnier	1.200 —
1	Garde champêtre	1.000 — (et le logement aux écoles)
1	Tambour-afficheur	80 francs
1	Gardien de cimetière	50 —
1	Femme de service des écoles	600 —

RENSEIGNEMENTS DIVERS

Fêtes locales et foires. — La fête communale a lieu du 1er au 2e dimanche de juillet; elle se tient sur la place de la Mairie.

Courses de chevaux. — Néant.

Principales industries. — Une verrerie-cristallerie, occupant 300 ouvriers; une fabrique de bijouterie en faux et apprêt de cuivre, occupant 35 ouvriers; une fabrique de toiles cirées, occupant 5 ouvriers; une glucoserie, occupant 12 ouvriers; une minoterie occupant 15 ouvriers; une fabrique d'eau oxygénée, occupant 6 ouvriers.

Commerce et productions du pays. — En dehors des productions des fabriques ci-dessus énumérées, le blé, l'avoine, le seigle, les pommes de terre et les légumes sont les principaux objets de vente.

Écoles libres.— Une école dirigée par les sœurs de Saint-Vincent de Paul compte 65 élèves pensionnaires, 105 élèves externes; 146 enfants fréquentent l'école maternelle qui y est annexée.

Établissements privés de Bienfaisance. — Le patronage de Saint-Joseph, fondé par M. Paris, et destiné à l'instruction et à l'éducation des enfants employés dans la verrerie.

Sociétés diverses. — « L'Union musicale du Bourget » a été fondée le 21 janvier 1893; elle ne compte que des membres actifs, qui paient une cotisation de 1 franc par mois.

Médecins, pharmaciens, vétérinaires, sages-femmes.— Un médecin, un pharmacien, une sage-femme.

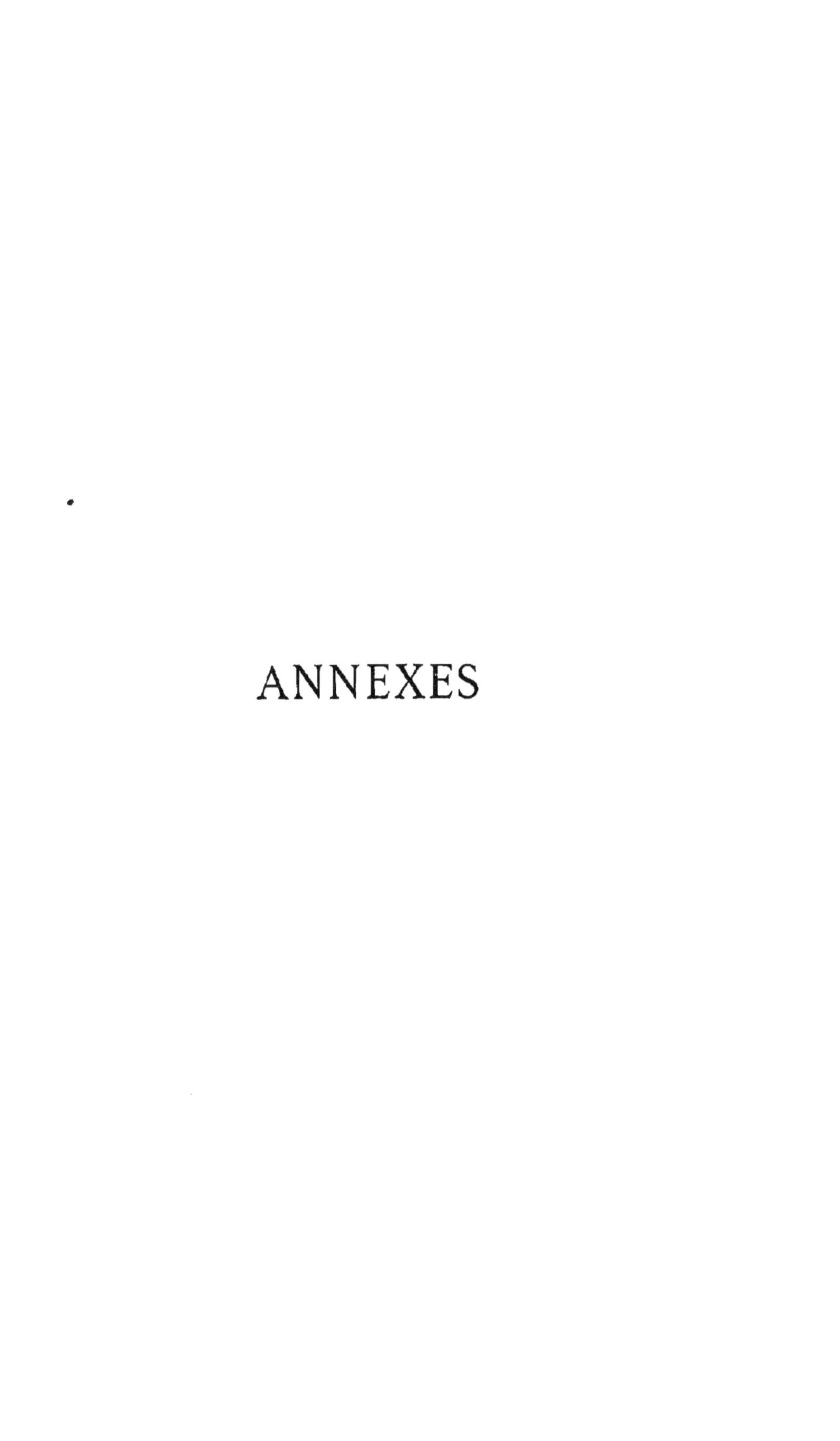

ANNEXES

CONSEIL MUNICIPAL (1896)

MM. DELAUNAY, Jules-Auguste, maire.

CAVILLON, Victor-Frédéric, adjoint.

GODARD, Paul, conseiller.

CHEVANCE, Eugène, conseiller.

LAVOIX, Édouard-Alexandre, conseiller.

BOULANGER, Adrien, conseiller.

GARNIER, Jules-Arthur, conseiller.

PÉRONNE, Pierre, conseiller.

MM. PARIS, Charles-Alexandre-Octave, conseiller.

MAUNY, François-Victor, conseiller.

DELAUNAY, Isidore-Honoré, conseiller.

GLOMEAU, Alexandre, conseiller.

NOISETTE, Joseph-François-Édouard, conseiller.

ROMAIN, Paul-Louis-Maurice, conseiller.

CARLE, Arthur, conseiller.

CLEYET-MOLLARD, Alexandre-Ernest, conseiller.

TARIF DES CONCESSIONS

DANS

LE CIMETIÈRE

(Modifié par délibération du 16 septembre 1894, approuvée le 15 octobre 1894).

Des concessions perpétuelles, trentenaires ou temporaires de quinze ans, sont délivrées aux prix fixés par le tarif suivant :

CONCESSIONS PERPÉTUELLES

Chaque terrain de 2 mètres sur 1 mètre . . . 200 fr.

CONCESSIONS TRENTENAIRES

Chaque terrain de 2 mètres sur 1 mètre . . . . . 130 fr.

CONCESSIONS TEMPORAIRES DE QUINZE ANS

Chaque terrain de 2 mètres sur 1 mètre . . . . 90 fr.

DROITS DE SÉJOUR DANS LE CAVEAU PROVISOIRE

(Délibération du 14 février 1886, approuvée le 19 juillet 1886).

1re Période. — 1re partie, 30 premiers jours, taux fixe. . . . . 15 fr.

2e Partie, 15 derniers jours, taux fixe. . . . 10 fr.

2e Période. — 45 jours, taux fixe indivisible . . . 45 fr.

Au delà de cette dernière période, l'administration municipale se réserve le droit de refuser la prolongation du dépôt et, en cas de tolérance à ce sujet, le prix en serait fixé, par jour à . . . . . 4 fr.

Placement du corps dans le caveau (dont 2 francs pour les porteurs et 3 francs pour le maçon) . . 5 fr.

Exhumation du caveau, transport et réinhumation (dont 6 francs pour les porteurs et 3 francs pour le maçon). . . . . 9 fr.

Retrait du corps et son chargement à la sortie (dont 6 francs pour les porteurs et 3 francs pour le maçon). . . . . 9 fr.

TARIF DES DROITS DE VOIRIE

§ I. CONSTRUCTIONS NEUVES

Alignements

Alignement en maçonnerie ou en pan de bois:

—	pour le rez-de-chaussée, par mètre linéaire	3 fr.
—	pour chaque étage en sus —	1 fr.
—	de mur de clôture plein en maçonnerie par mètre linéaire	1 fr.
—	de mur d'appui avec grilles, par mètre linéaire	1 fr. 50
—	de clôture en planches, par mètre linéaire	0 fr. 50
—	de clôture en haies, échalas ou treillage	
—	par mètre linéaire	0 fr. 20

Exhaussement d'un bâtiment, par étage, par mètre linéaire	1 fr.
— d'un mur de clôture par mètre linéaire.	0 fr. 20
Concession d'un mur de clôture en mur de bâtiment pour le rez-de-chaussée, par mètre linéaire	2 fr.
— pour chaque étage en sus, par mètre linéaire	1 fr.

NOTA. — Les façades sont mesurées pour leur longueur intégrale, sans déduction des baies.

Saillies fixes

Petit balcon et barre d'appui n'excédant pas $0^m,22$ de saillie, droit fixe.	3 fr.
Grand balcon au-dessous de $0^m,22$ de saillie, par mètre linéaire	5 fr.

Colonne ou pilastre en pierre ou en maçonnerie, droit fixe	2 fr.
Corniche ou entablement en pierre ou en maçonnerie, par mètre linéaire.	1 fr.
Seuil en soubassement dépassant $0^m,10$ de saillie, par mètre linéaire.	1 fr.
Devanture de boutique en saillie, compris corniche par mètre linéaire.	2 fr.
Tuyau de descente ou d'évier pour le rez-de-chaussée, droit fixe.	2 fr.
Tuyau de descente ou d'évier pour chaque étage en sus, droit fixe.	1 fr.
Grilles ou barreaux de croisée ou de porte en saillie par croisée ou porte, droit fixe	1 fr.
Marquise, par mètre linéaire.	5 fr.
Auvent de boutique, par mètre linéaire	3 fr.
Auvent de porte ou de croisée, droit fixe	3 fr.
Moulinet de boulanger ou poulie, droit fixe	5 fr.
Chardons en fer, herse, artichauts, droit fixe	2 fr.

Saillies mobiles

Jalousies, volets ou persiennes, par croisée ou porte droit fixe.	1 fr. 50
Stores et bannes, par mètre linéaire.	1 fr.
Tableau, enseigne, montre, écusson, abat-jour, globe d'éclairage, lanterne, transparent, attribut, bouchon de cabaret, affiche ou annonce encadrée par des moulures en relief, droit fixe.	3 fr.

NOTA. — Pour le remplacement des saillies mobiles, il ne sera perçu qu'un demi droit.

§ II. — TRAVAUX DE RÉPARATION

Reconstructions partielles

Reprise dans la façade d'un bâtiment pour la construction d'un trumeau ou le bouchement d'une baie, pour le rez-de-chaussée, par mètre linéaire. .	2 fr.
Pour chaque étage en sus, par mètre linéaire	0 fr. 50

Bouchement des baies dans un mur de clôture, par mètre linéaire. o fr. 50

Ouverture ou agrandissement :

1° d'une croisée, soupirail, œil de bœuf, compris linteau, droit fixe . . . . 2 fr.
2° d'une porte bâtarde ou de cave, compris linteau, droit fixe . . . . 3 fr.
3° d'une porte cochère en grille, compris poitrail, droit fixe . . . . 6 fr.
4° d'une baie de boutique, compris poitrail par mètre linéaire . . . . 2 fr.

Pose en remplacement :

1° d'une jambe étrière ou d'un pied droit, droit fixe . . . . 5 fr.
2° d'un poitrail, droit fixe . . . . 3 fr.
3° d'un linteau, droit fixe . . . . 1 fr.
4° d'un poteau ou colonne en fer, droit fixe . 2 fr.

Ravalement général d'un bâtiment :

1° pour le rez-de-chaussée, par mètre linéaire. o fr. 40
2° pour chaque étage en sus, par mètre linéaire. . . . . o fr. 20

Ravalement partiel d'un bâtiment :

1° pour le rez-de-chaussée, par mètre linéaire. o fr. 30
2° pour chaque étage en sus, par mètre linéaire . . . . o fr. 15

Ravalement général d'un mur de clôture, compris réduction du chaperon, par mètre linéaire. . . . . o fr. 30
Le même partiel . . . . o fr. 20

NOTA. — Pour tous les ravalements, il ne sera jamais compté moins de dix mètres de façade.

Revêtement en dalles, briques, ciment ou rocailles d'un soubassement, par mètre linéaire . . . . . . o fr. 50

§. III — DROITS DIVERS

Barrière au devant des travaux et échafaudage, par mètre linéaire. . . . . o fr. 50

Étai, chevalement, contre-fiche, étrésillons, droit fixe et par an . . . . 3 fr.

Dépôt de matériaux sur la voie publique, en dehors d'une barrière autorisée et taxée:

Par mètre superficiel par mois et par an. . . o fr. 25

MODE DE MESURAGE

Pour tous les articles taxés au mètre linéaire, on ne pourra compter moins d'un mètre. Pour tous les articles taxés au mètre superficiel, ou au mois, on ne pourra compter, ni moins d'un mètre, ni moins d'un mois.

TABLE

COMPOSÉ, IMPRIMÉ ET BROCHÉ
PAR LES PUPILLES DU DÉPARTEMENT DE LA SEINE.
ÉLÈVES DE L'ÉCOLE D'ALEMBERT
A MONTÉVRAIN

LE BOURGET

COMPARAISON

DE LA

POPULATION

ET DES

RECETTES ORDINAIRES

Relevées aux époques de Recensement

(1801 à 1896)

Un millimètre de hauteur représente 500 habitants.

15.000
12.500
10.000
7.500
5.000
2.500

Nombre d'habitants.

1801 1817 1831 1836 1841 1846 1851 1856 1861 1866 1872 1876 1881 1886 1891 1896

Montant des recettes.

25.000
50.000
75.000
100.000
125.000

Un millimètre de hauteur représente 5000 francs

EN DÉPOT

A LA PRÉFECTURE DE LA SEINE

DIRECTION DES AFFAIRES DÉPARTEMENTALES

BUREAU DES COMMUNES

(Annexe Est de l'Hôtel-de-Ville)

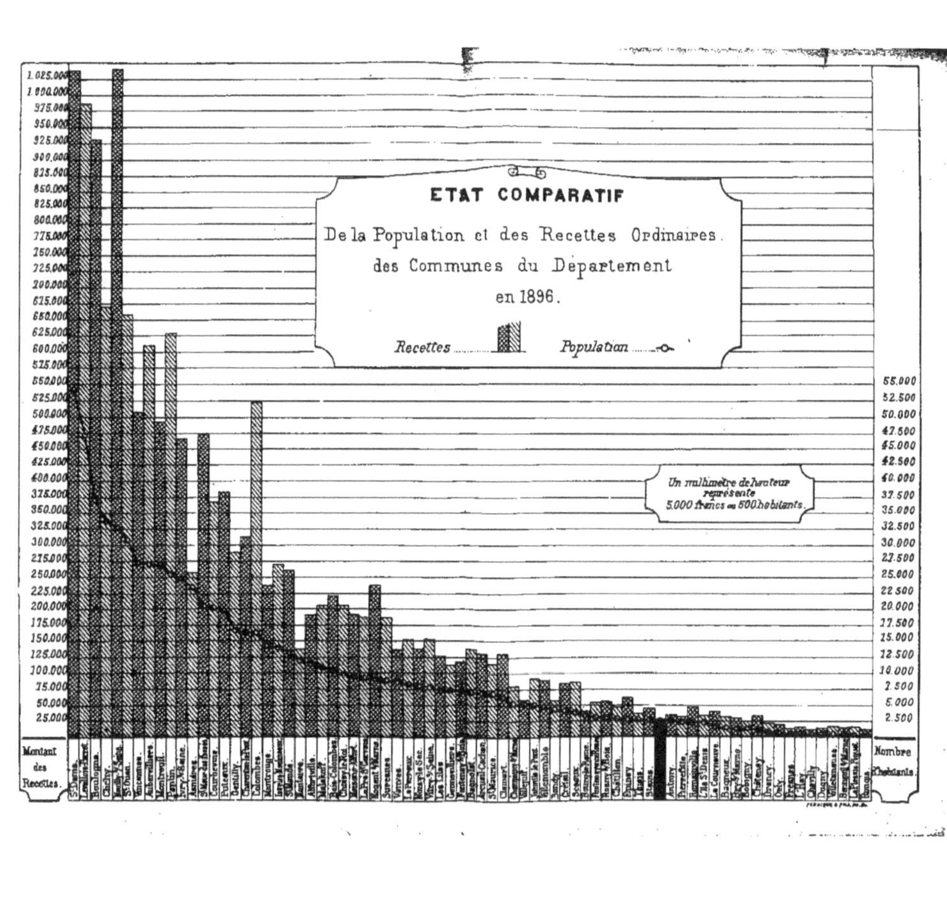
ETAT COMPARATIF
De la Population et des Recettes Ordinaires
des Communes du Département
en 1896.
Recettes
Population
Un millimètre de hauteur représente 5.000 francs ou 500 habitants.
Montant des Recettes.
Nombre d'habitants.

LE BOURGET

Limites actuelles de la Commune reportées sur la Carte dite des Chasses_(1764-1773).

Monographie des Communes du Département de la Seine.

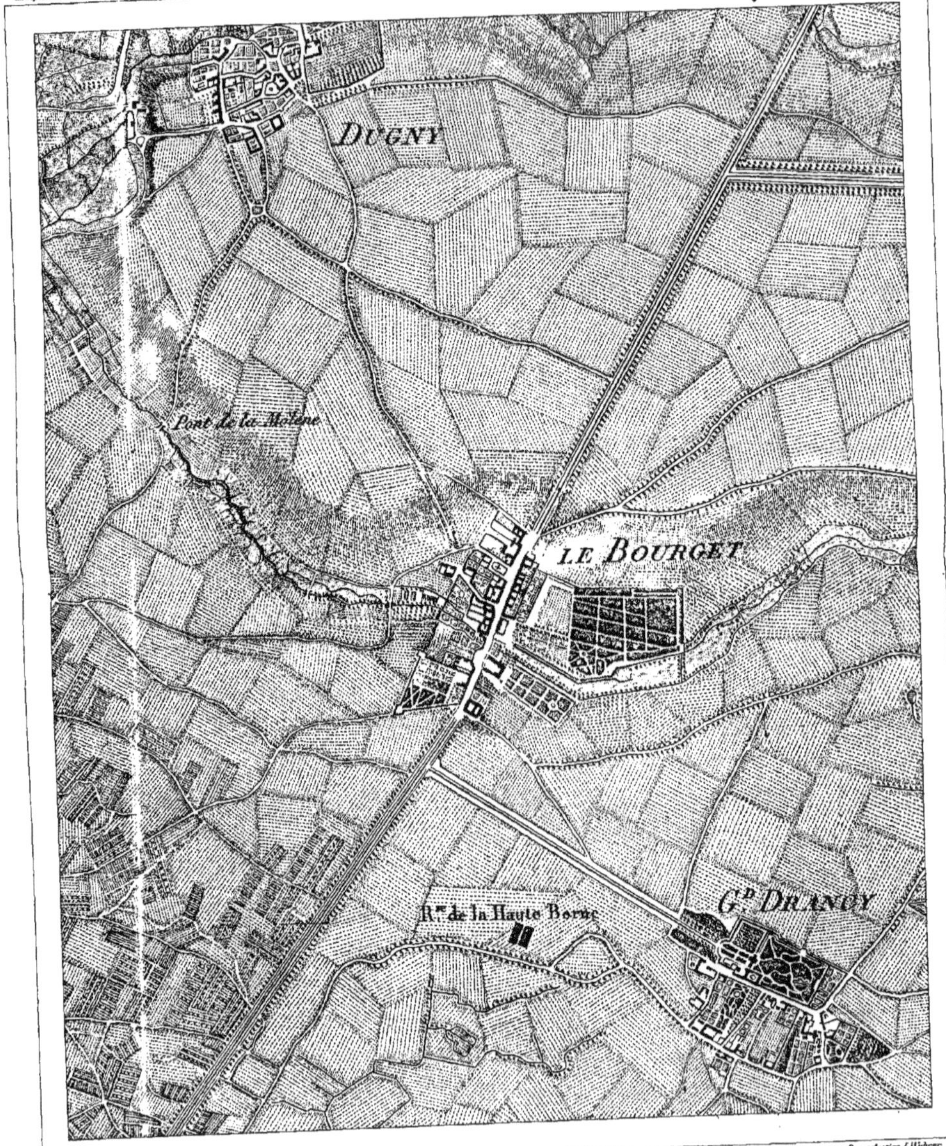

Echelle de 16.880

Reproduction L. Wuhrer.

LE BOURGET

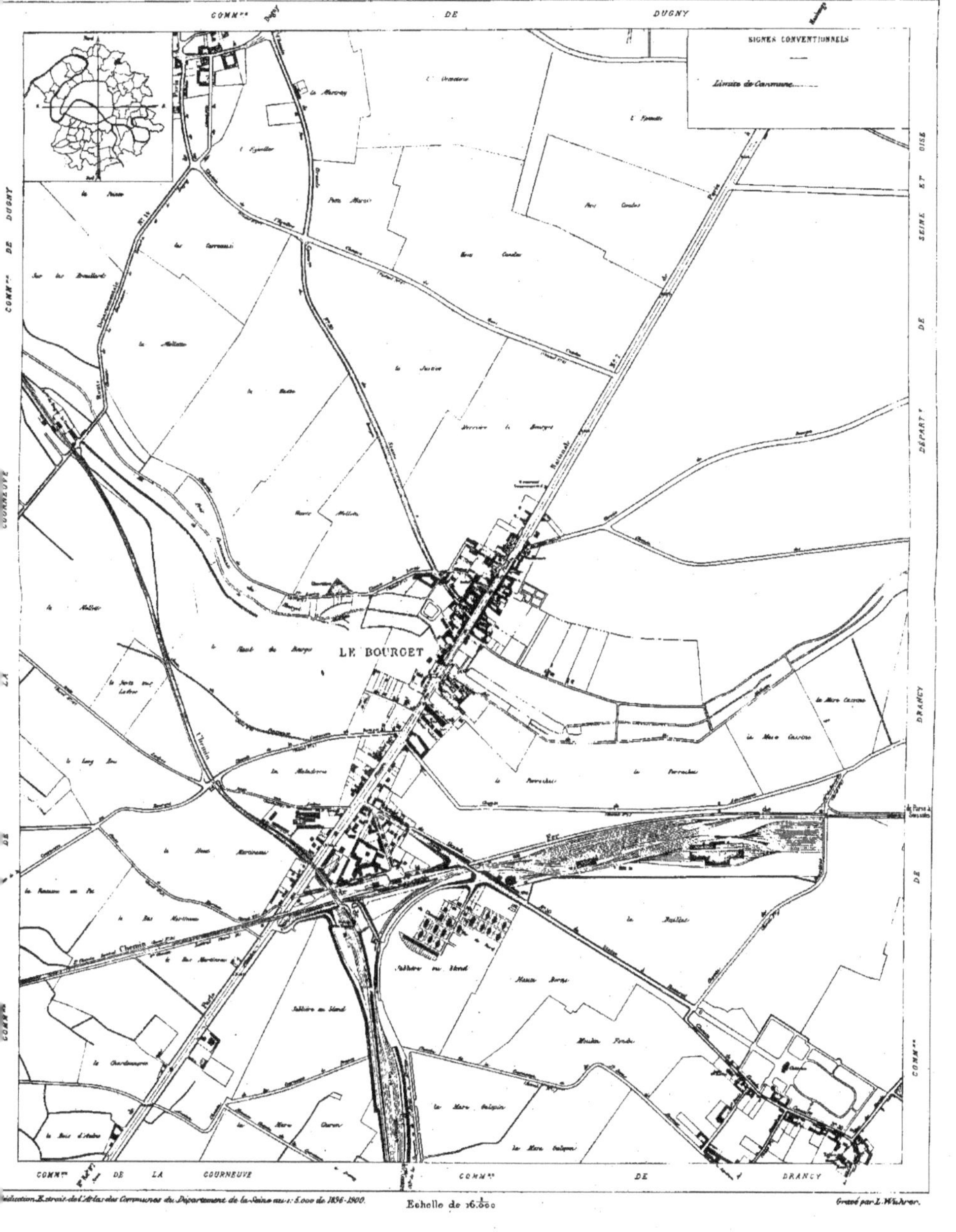

Réduction Extrait de l'Atlas des Communes du Département de la Seine au 1:5.000 de 1896-1900.

Echelle de 1/16.000

Gravé par L. Wuhrer.

www.ingramcontent.com/pod-product-compliance
Lightning Source LLC
LaVergne TN
LVHW010030230826
846091LV00005B/1656
* 9 7 8 2 0 1 3 6 2 4 4 5 9 *